地域における
ひきこもり支援
ガイドブック

長期高年齢化による
生活困窮を防ぐ

境 泉洋 編著

金剛出版

はじめに

境　泉洋

キーワード：尊厳，KHJ 全国ひきこもり家族会連合会，ひきこもり，生活困窮，
　　　　　自立相談支援

第1節　ガイドブックの目的

I　尊厳に基づく支援

　本ガイドブックが対象としているひきこもり状態にある人は，複合的な困難のために地域に居場所を見出すことができていない人たちです。ひきこもり状態にある人への支援において最も重要なのは，ひきこもり状態にある人にとって魅力的な居場所を地域に確保することです。本ガイドブックでは，ひきこもり状態にある人にとって魅力的な居場所をどう作り，その居場所にどうつなげ，どう支援していくのかを紹介します。また，ひきこもり状態に至らないための予防や，本人が出て行ってもいいと思えるような多様性に富んだ魅力的な空間・場・活動（コミュニティ）を創出する地域づくりも含まれています。なお，ここでいうコミュニティとは，本人・家族・支援者・地域社会で構成する，必ずしも支援だけを目的とはしない，人的ネットワークを意味します。

　本ガイドブックには，1999 年に設立され，現在では全国規模のネットワークを持つ唯一の当事者団体である KHJ 全国ひきこもり家族会連合会（以下，KHJ 家族会）が 17 年間の経験を通じて蓄積してきたノウハウが詰まっています。KHJ 家族会は，当事者団体として，当事者視点からのひきこもり支援のあり方について先駆的な試みを続けてきました。ひきこもりの心理は，

往々にして誤解されやすいため，当事者視点からの支援は極めて重要になります。

　平成 27 年 4 月に生活困窮者自立支援法が施行され，自立相談支援事業が全国の福祉事務所の設置自治体で一斉に開始されました。こうした動きを受け，本ガイドブックでは，生活困窮者自立支援法も踏まえたひきこもり支援のあり方を当事者視点から提案しています。したがって，本ガイドブックは，現に経済的困窮や社会的孤立などさまざまな社会的排除状態によって，最低限度の生活を維持することができなくなる恐れのある人（生活困窮者）の中で，ひきこもり状態になった本人とその家族の自立と尊厳を確保し，希望を持てる持続可能なコミュニティにつなげるための支援（生活困窮者自立支援法に基づく自立相談支援事業）においても活用できます。

　なお，本ガイドブックは，生活困窮者自立支援法を踏まえたひきこもり支援のあり方について示しているため，『生活困窮者自立支援法 自立相談支援事業従事者養成研修テキスト』[1] を参照とした記述が多くみられます。そのため，本文中で『生活困窮者自立支援法 自立相談支援事業従事者養成研修テキスト』[1] を参照する場合は，『自立相談支援研修テキスト』と記載していることにご留意ください。

第 2 節　ひきこもり状態の定義

　本ガイドブックでは，ひきこもり状態を「様々な原因の結果として社会的参加（義務教育を含む就学，非常勤職を含む就労，家庭外での交遊など）を回避し，概ね家庭にとどまり続けている状態（他者と交わらない形での外出をしていてもよい）」と定義しています（齋藤[2] を一部改訂）。

　本ガイドブックが対象としているひきこもり状態は，具体的には以下のような状態などを指しています。

・80 歳の要介護者の自宅に無職の 50 歳の子どもが親の年金で生活している
・生活保護世帯の家庭に長期間働かずに自宅中心の生活をしている子どもがいる

- 30代後半で数年間仕事をせず，自宅中心の生活をしていたが，親の介護や死亡を機に生活保護を申請しようとしている
- ひきこもり状態にあっても，現時点では家族の支えによって生活に困窮していないものの，家族の支えがなくなった場合に，生活困窮になる可能性がある

　また，本ガイドブックにおいては，支援対象者を以下のように表記しています。

- ひきこもり状態にある人を「ひきこもり本人」，もしくは，「本人」
- ひきこもり本人の家族を「家族」
- ひきこもり本人の兄弟姉妹を「きょうだい」

第3節　ガイドブックの概要

　第1章には，ひきこもりへの支援に必要な視点について書かれています。ひきこもり本人は，周囲からのサポートを受けにくいだけでなく，本人や家族からの支援を求めることも少ない現状があります。こうした方々への支援においては，その心理（第1節），社会的背景（第3節）とともに，関連する医学的問題（第4節）について理解することが重要です。また，その際には，本人を支える家族（第2節）についても理解を深める必要があります。さらに，ひきこもり経験をただ単純にマイナスに捉えるだけではなく，そうした経験から得たこと，学んだことについて肯定的に捉える視点（第6節）も支援を行ううえで有効です。第1章では，まだ未開拓な領域として，ひきこりの予防（第5節）に必要な視点についても取り上げています。

　第2章では，ひきこもり状態のアセスメントと評価の仕方について書かれています。生活困窮者支援におけるアセスメントについては，すでに体系的な資料が作成されていますが，本ガイドブックでは，ひきこもり状態に特化したアセスメント方法について紹介しています。ひきこもり状態のアセスメントにおいては，問題の減少よりも強みの増強という視点（第1節）が必要

です。また，ひきこもり本人（第2節）だけではなく，その家族（第3節），さらには家族と本人の関係性（第4節）についてのアセスメントが必要となります。第2章には，こうした視点からのアセスメントと評価の方法が書かれています。

　第3章には，ひきこもりへの支援の展開が，自立相談支援事業の流れに沿って書かれています。把握・アウトリーチ（第1節）から始まり，ひきこもり本人に支援を行う際に留意すべき点について書かれています。そして，相談受付（第2節），アセスメント（第3節），支援プラン作成（第4節），支援の実施（第5節），支援経過のモニタリング（第6節），プラン評価・再プラン・終結（第7節）について解説されています。

　第4章には，ひきこもりへの支援において重要となる技法について書かれています。ひきこもりへの支援においては，本人が来談に至るまでの家庭訪問（第1節），電話相談（第2節），インターネットを使った相談（第3節）などを丁寧に行う必要があります。また，本人との相談室での支援（第4節）と同時に，本人を取り巻く家族への支援（第5節）も重要です。また，本人が来談した場合でも，拙速に自立に向けた支援を行うのではなく，居場所（第6節）やピア・サポート（第7節）を活用した存在を肯定する支援を通じて，本人の自己肯定感，支援者との信頼関係の構築に十分な時間をかけることが支援の基盤となります。また，こうした支援全体を通じて，医学的支援（第8節）が必要な方には医療機関と連携をした支援を展開することが重要となります。

　第5章には，ひきこもりへの支援を通じた地域づくりについて書かれています。本章第1節では，ひきこもり支援を通じた地域づくりの意味と意義について書かれています。ひきこもり支援においては，社会資源の開発，発掘（第2節）が必要になる場合が少なくありません。また，既存の社会資源の活用（第3節）も必須となります。これらに加えて，ひきこもり本人と親和性の高いメディアの活用（第4節）も重要な視点となります。こうした多様な社会資源を使った効果的な連携を行うには，たらいまわしを防ぐネットワークの運用（第5節）が必要となります。

　第6章には，ひきこもりへの就労支援について書かれています。ひきこも

り本人への支援の中心は必ずしも就労だけではありませんが，就労支援が目指すもの（第1節）を踏まえたうえで，自立の一つの手段として，本人が就労を希望する場合，ひきこもり状態を経験したことに配慮した就労支援を展開する必要があります。ひきこもり本人の就労支援においては，就労に向けたアセスメント（第2節），就労に向けたプランづくり（第3節），就労支援の実施（第4節）に加えて，中間的就労の場の創出・開拓（第5節）が重要となります。こうした中間的就労の経験を踏まえて，さまざまな就労へとつないでいくのが効果的です。

第7章には，本ガイドブックの活用方法について書かれています。ひきこもり本人および家族への相談に困難を感じる支援者の方も多くおられると思います。本ガイドブックを踏まえた，研修（第1節）を受けることで，ひきこもり本人，その家族だけではなく，支援者にも大きな恩恵があると考えられます。また，支援の実施プロセスに関するスーパービジョン（第2節）やそうした管理を行う立場の支援者の役割（第3節）についても触れられています。さらにひきこもりへの支援は，まだ発展段階にあります。本ガイドブックの意義（第7章第4節）を踏まえつつ，今後の支援を通してより効果的な支援のあり方について検討し，改定していく必要があります（第7章第5節）。

付録には，本ガイドブックを活用する際に参考になる資料を掲載しています。事例においては，本ガイドブックが想定している事例について紹介しています。また，FAQにおいては，ひきこもり支援においてよく寄せられる質問に対する回答例を紹介しています。最後に，KHJ家族会の支部，ひきこもり地域支援センター，地域若者サポートステーションのリストを掲載しています。ひきこもり支援の実施や学習において活用してもらえればと考えています。

文献

1) 自立相談支援事業従事者養成研修テキスト編集委員会編（2014）生活困窮者自立支援法 自立相談支援事業従事者養成研修テキスト．中央法規出版．
2) 齊藤万比古（2010）ひきこもりの評価・支援に関するガイドライン．厚生労働科学研究費補助金こころの健康科学研究事業「思春期のひきこもりをもたらす精神科疾患の実態把握と精神医学的治療・援助システムの構築に関する研究（主任研究者 齊藤万比古）」．http://www.ncgmkohnodai.go.jp/pdf/jidouseishin/22ncgm_hikikomori.pdf

目　次

＊コラム＊

地域における
ひきこもり支援ガイドブック

長期高年齢化による生活困窮を防ぐ

第1章　ひきこもりへの支援に必要な視点

牟田武生・斎藤まさ子・川北　稔・
中垣内正和・丸山康彦

> キーワード：ひきこもり支援の基本，ひきこもり，家族，現状，支援の視点，
> 　　　　　　社会的背景，雇用の流動化，戦後日本型循環モデル，社会病理，
> 　　　　　　精神疾患，医療福祉の谷間，早期発見・早期対応，地域共生，
> 　　　　　　新しい支援，心象風景，社会構造，対応の基本，社会の多様化

第1節　ひきこもりの心理

はじめに

　2016年9月内閣府は若者の生活調査を発表しました。この調査は2015年12月に5,000世帯を調査した推定値です。「15歳以上39歳未満で仕事や学校に行かず，6カ月以上にわたり，家族以外とほとんど交流せずに自宅にいる」と定義されるひきこもりの人は54万1,000人でした。

　2010年に実施した調査に比し，約15万人の減少となっていますが，ひきこもり期間7年以上が35％を占め長期化しています。また，島根県や山形県の民生委員の家庭訪問調査では，約半数が40歳以上であるという数値が発表されています[1]〜[3]。今後は40歳以上を含めた詳細な調査が必要になってくるでしょう。

　ひきこもり状態の人は過去にも少し散見できましたが，21世紀になって若者の行動として表面化し社会問題化していきました。そして，一部のひきこもり状態の人は長期化していきました。今日では，ひきこもり状態が40歳以上の人も多く存在し，長期化・高年齢化の問題から家庭が生活困窮の状

態に陥る家庭も増えてきています。それらを防ぐために，ひきこもりの人々に共通する心理的な状態像を知る必要があります。

I　ひきこもりの心理

　ひきこもりという診断名はありません，前記した定義による状態像です。ですから，その実態は多種多様です。その共通する項目は，長期間にわたって状態は大きく変わらず，家族以外の人と接することを避け，社会との交わりを極力避けるために外出しないという特徴があります。[注1]

　幼い頃からの気質にもよりますが，親の過剰な本人に対する期待，学生時代のいじめや職場での人間関係の軋轢等によって，人や社会に対して強い不安や恐怖心が起き，何とかしなければと焦れば焦るほど，頭痛，腹痛等の身体症状が出る場合も多くあります。

　初期の段階で受診し精密検査をしても，異常は見つからず，気持ちの問題なのではと，心療内科や精神科の受診を勧められ，社交恐怖（社交不安障害）・適応障害等と状態像から診断され服薬をしますが，期待されるような効果が出ないこともあります。また，昼夜逆転による不眠を訴えて，睡眠導入剤を服用しますが，これも，根本問題である生活リズムや昼夜逆転を直さなければ改善されません。

　緊張や不安をなんとか誤魔化しても，他人とうまく会話ができない，集団の中には入れない，緊張のあまり自分の心身を自由にコントロールできない，早く，この場面（状況）が変わらないかとひたすら願う気持ちでいっぱいになってしまいます。

　多くの場合，現実的生活から逃れたいと思う非社会的行動が起こります。もし，外出すれば，人に会い，何か言われるかもしれないと思い，常に落ち着かなくなります。また，緊張から発熱し，人によっては，頻尿が伴うケースもよく見られます。

　たとえ，「今，なにしているの？」「元気で頑張っているの？」「今度，お

[注1]「2-6　ひきこもりと精神障害」ひきこもりという用語は病名ではなく，あくまで対人関係を含む社会との関係に生じる現象の一つをおおまかにあらわしている言葉です。（厚生労働省「ひきこもりの評価・支援に関するガイドライン」より）

茶しない」等の普通の会話でも，なにをどう話せばよいのか，悩み，まさか，ひきこもっていると言ったら，理解されずに，非難されるから絶対に言えない。いっそ，わかってもらえないなら，寡黙でいればよいのですが，それもストレスになるから，やはり，外出しない方がよいと考えてしまいがちになります。

　一方，多くの父親は，自分の経験からそんな子どもは理解できません。生活リズムを崩し昼夜逆転の生活をする子，無気力な子，ネットゲームに夢中になる子，働こうとしない子らに対して理解できず，普通の暮らしに戻らせるため，親の務めでもあり，正義感をもって，思わず説諭や説教をしてしまいます。場合によっては理屈で追い詰めますが，反応を示さない子に暴言を吐いたりし，感情的な怒りから，相互に家庭内暴力が起きたりし，親子関係がさらに悪くなり，子どもは，顔を見せなくなり，部屋でこもる生活が中心になっていってしまうことが多いようです。

Ⅱ　基本的な心理

　多くのひきこもり本人は，次のような感情がすべてとはいえませんがあるようです。これらの基本的な心理状況を捉えておくと，間違ったアドバイスになることは少ないと思います。

- ・不安…人や社会での過去の嫌な経験と自分の将来に対する不安でいっぱいになる。
- ・自信の喪失…何をやってもまた失敗するのではないか，もう二度と恥を掻きたくない。
- ・自己を守りたい…これ以上，傷つくともう生きていけないと漠然と思う。
- ・無気力…気力がわいてこない，自分のために相手は話してくれているのはわかるが，なにか他人事のような気がする。
- ・同世代の人に対し…皆，社会で，家庭で，自分の居場所をしっかりつくっている。羨望もあるがいっきに取り返し，あっと言わせたい気持ちもある。
- ・自己万能感と現実能力のギャップ…自分がやる気になれば，なんでもできる，自分の能力を最大限発揮できるような仕事をしたい。しか

し，何をしたらよいか，自分ではわからないし，他人の意見に沿うのも嫌だ。

・親の言うこと…ひきこもる前は親の言うことを聞いていたが，良いことは，一つもなかった。むしろ悪くなるばかりだった。もう親の勧めにはのりたくない。

・いまさら…社会に出ても，ゼロからの出発，努力しても大きく変わることはない。学歴，資格，技術，職業上のキャリア等，自分自身評価できるものはない。そんな苦しい生活を強いられるなら，今の生活は，自分自身が追い詰めなければ平和な生活だと思う。だから，家は絶対に離れない，ここに居れば生活できると過度に甘える。

Ⅲ　具体的に動き出すためには

　それでは，ひきこもりの心理状態から動き出すために必要なものとはなんでしょうか。

　「不登校やひきこもりになる以前は，他人や組織に合わせるだけで，自分を殺して生きてきたが，それでストレスがたまり体調が悪化し，さらには，被害者意識が強くなり，他人に対する不安が強くなった」という，ひきこもり本人からの声をよく聞きます。

　ひきこもりになってからは，不安や葛藤が起きても，誰にも相談できず，自分を守るため自分の感情や観念だけで判断していきます。それは，客観的な世間の常識と違う，自分を守るため，自分だけの独自の考え（主観）で乗り越えていきます。時間の経過とともに，その主観が非常に強固になり，学校に行くこと，社会参加すること，働くことを主張する家族や他人の常識論をさらに受け入れなくなり，ひきこもりがさらに長期化していきます。

　しかし，近年，信頼できる，責めない，ひきこもりの同体験をしたピア・サポーター[注2] 4)との出会いで，自分の主観がだんだん弱くなり，他人の意見も素直に受け入れができるようになってきたという報告が多くなってきました。

[注2] 元ひきこもりの仲間による家庭訪問　ピア（peer：仲間）サポーター（サポートする仲間）。

　普通，他人との日常会話は，よほど親しくない限り常識的な会話（客観）が中心ですが，親しくなり人間関係が形成されてくると，自分の考え（主観）を相手に伝え，意見や同意があり，初めて，本当のより深い人間関係が成立します。そうなると，対人関係上のストレスコントロールが，初めてできるようになっていきます。それが，人間関係のスキルです。スキルを獲得すれば，二度とひきこもりにはならない事例が多いのも事実です。

　人間関係のスキルと社会性の獲得が，車の両輪であり，これを育てるような支援がとても大切です。

第2節　ひきこもりと家族

　家族，特に親は支援対象であるとともに，本人の最も近い場所で自立に向かうために必要な環境,生活の場を提供する支援者としても機能しています。そのために，緊急度にかかわらず，本人が自立に向かうために適した環境がどのようなものなのか，また，家族が具体的な判断に迷う場面でどんな関わりをしていけばいいのかを，共に考え実現に向けて関わっていく必要があります。

　家族のおかれている現状の代表的なものとして，以下の項目があげられます。

I　両親の高齢化

　KHJ 家族会の会員を対象とした全国調査[5] によると，両親の年齢は，平均 63.2 歳であり，60 代全般を頂点として 50 代から 70 代後半まで山形の曲線を描いています。この年代のライフサイクルは，子どもが巣立ち，親子関係が成人同士の関係に発展し，さらに生理的な老化へ直面し，自らの人生の統合や死の準備を始める年齢であり，大多数の親は社会から第一線を退いて年金生活に入る時期でもあります。このように，人生の限りを意識し始め，年金で自分たちの生活や老後を支えていかなければならないという，身体的な衰えとともに経済的にも余裕のなくなる時期に，先の見通しの立たない子どものひきこもりという事態に，日々対峙しているのが現状です。

Ⅱ　消えることのない将来への不安

　家族が抱く将来への不安には，さまざまなものがあります。真っ暗闇で先の見えない不安や，本人の就労の見通しがたたないことからくる経済的不安，自ら命を絶つのではないかという不安，さらに暴力に関する不安もあります。本人が10代や20代の場合は，進学についての不安や高校や大学の単位取得に関する不安が多く，特に高校生でひきこもった場合は，単位不足でやむなく退学せざるを得ないという事態もまれではなく，義務教育のように支援が十分ではない現状では深刻です。わが子がどこにも属さない存在になるかもしれないという現実に直面して，どうにかしなければならないという焦燥感の中で右往左往している現状があります[6]。それ以降は就労に関するものが中心となります。また，本人が同意しないけれども受診の必要性を感じる場合の，心身の健康に対する不安もあります。ひきこもりが長期化した場合は，日常的に起こる家族間の葛藤への不安や，二次障害として出現した妄想的言動などによる隣近所への迷惑行為への不安，自らの健康問題への不安などがあります。

　また，歳を重ねる親にとって，本人の将来への不安は深刻であり，「わたしたちがいなくなったら，あの子はどうなるんだろう。それを考えると心配で眠れないときがあります」と苦しい胸のうちを口にする人も少なくありません。このように，家族は複合的に重なり合うさまざまな不安を抱えながら，日々を送っているといえます。

　一方，きょうだいの心情も複雑です。コラム（23頁）にもあるように，きょうだいという立場で，今現在，そして親亡き後にどう本人と向き合っていけばいいのかという別の立場からの迷いや葛藤，不安を抱えています。

　丁寧に話を聴いてもらうことで，家族自身の気持ちが安定し，あらたな本人への関わりの一歩につながっていきます。また，ひきこもりという現象自体は同じであっても，家族の抱えている背景はさまざまです。社会資源については，単に情報提供に留まらず，その家族に合った活用方法について，家族の意向を尊重しながら共に考えていく関わりが求められています。また，その対応自体が家族を勇気づけるものとなります。

Ⅲ　著しい自尊感情の低下

　家族支援では，初回の出会いが大切です。そこで，家族の日々の生活がねぎらわれ，家族自身が受容され，受け止められることで，次回へとつながっていくからです。

　家族支援，特に親は，親としての自責感に苦しみ，親戚や家族メンバー，友人からの何気ないことばで傷つき，ときには本人から「育て方が悪い，あの時助けてくれなかった」と責められるなど，さまざまな挫折感や無力感，孤独感などを抱いています。自信をなくし，親自身も社会的に孤立しがちな日々を過ごしている状況です。意識していないにしても，癒され，ケアされることを期待して支援の場に足を運んでいるといえます。

　このように，支援の場に足を運ぶ親は自尊感情の著しい低下があります。「あなたの育て方が悪いと言われているようでした」「何を言ってもわかってもらえませんでした」などと，過去に相談の場でネガティブなフィードバックを受けた体験談をよく耳にします。親のその時の傷つき体験は，問題に立ち向かうエネルギーを奪い取り，その後，支援の場から足を遠のかせることにつながりかねません。批判的，指示的になっていないか，自分のそのときの感情に問いかけながら発することばに十分注意すること，たとえ相手をおもんぱかって言うことばであっても，このような状況ではマイナスに受け取られる可能性があるということを念頭において対応することが求められています。

Ⅳ　適切な状況判断ができない

　子どもがひきこもることによって，家族，特に親は強い不安に陥ります。前述のように，自責感や周囲の批判的言動などに振り回されているとしたら，何とかこの状況を改善させなければならないという思いに支配されているといっていいでしょう。そのため，落ち着いて本人に向きあい，本人が今何を考え，何に困っているのかという，何よりも大事な事柄に目を向けられずに叱咤激励などその場しのぎの対応を繰り返すことになります。

　外部から家族に適切な支援の手が差し伸べられなければ，いつまでも状況

を俯瞰してみることができない状態が続く可能性が高く，本人が行動を起こすために必要な家族の理解的対応[7]がなかなか得られにくいことになります。さらに，親の会に参加する母親を対象に行った面接調査によると，本人への対応が理解的なものに変化するためには，まず母親自身が〈気持ちを立て直す〉ことが重要であり，そのためには十分に受容され安心できることや，変化への希望を持てることがあげられました。さらに，互いに体験を語り合い，講演会などで正しい知識を得るなどの時間の流れのなかで〈子どもに向き合える〉ようになり，ようやく〈起こっている全体像が見えてくる〉のです。これらのプロセスを経て本人への〈理解的対応への努力〉へと進んで行きます[8]（図1-1 参照）。

この親の会での母親の体験は，支援の場で有用でしょう。目の前の相談者が心理的に安定しているかどうか，子どもに向きあえる段階か，ある程度状況を客観化できる段階かなど，今どの心理的状況にあるのかをアセスメントすることができ，その段階に見合った無理のない対応をすることができます。

また，母親は責任感情から，自らの生活を犠牲にして本人への対応にあたることも往々にしてみられ，親子の健全な距離が保てなくなっていることも見過ごせないことです。「子どもが家にいるのに，放って外に出てもいいの

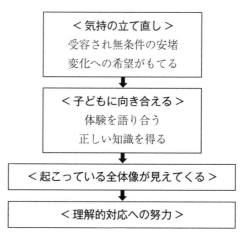

図1-1　母親が理解的対応への努力をするようになるまでのプロセス
（斎藤・他，2013b より改変）

ですか？」という，自らの行動を自分でがんじがらめにしていることばが聞かれることも珍しくありません。生活行動における本人との関わり一つひとつについて，適切な判断ができなくなっている場合が多くみられます。本人の自立を考えた場合に，親はどのような立ち位置にいればいいのか，たとえ距離をとることが大事だと知識としてはわかっていても，日々本人を目の前にして生活している親にとっては，簡単なようで非常に難しい問題なのです。

　家族の困難感や葛藤を糸口にして，家族間の関係や家族が機能不全を起こしていないかなどをアセスメントしながら，今後の対応策について共に探っていく関わりが求められています。

◆コラム 1　きょうだいの心情

深谷守貞

　ひきこもり本人のきょうだいは，親がひきこもりの問題を抱え込んでしまって動けないでいる場合，自分が親の代わりになろうと自ら相談を求める場合があります。また，親の要介護状態や死亡などといった事態が生じたときに，今現在の自分自身の生活にどのような影響が出るのか，との不安感から相談に至る場合もあります。実際に親の死亡などの環境の変化で，突然ひきこもりの問題と向き合わざるを得なくなってしまうケースもあります。

　きょうだいには，親代わりとしてのひきこもり本人の保護・養護に関する扶養責任の強制力はありません。しかし「きょうだいだから」という道義的な責任を周囲に求められる場合があります。きょうだいもこの道義的な責任感から，自ら心理的な葛藤を抱えてしまうことが少なくありません。

◆コラム2　親ができるひきこもりからの回復

池田佳世

　親ができる関わりとして，本人の回復段階に応じた，対応が必要です。

【ひきこもりの回復段階について】

第一段階	すっかりひきこもって誰にも会わない段階。
第二段階	買い物や散髪に出るが友人はいない。
第三段階	居場所に（集団に）出た。
第四段階	仲間ができた。
第五段階	他の居場所にも行ってみる。就労のことも考えられる。

【本人の変化に応じた親の関わり】

	親の態度	本人の行動	期間
1	親の無条件の肯定的関心（否定的関心からの脱却）	安心してひきこもる　傷つきの疲れを休める	
2	家族に気持ちのゆとりができる。親子で雑談ができる	買物に出たり，外へ動き出すが，友人はいない	
3	親は本人の居場所になるようなところを，探しておくが，何も言わない（先回りにならないサポートを心がける）	居場所（集団）に出る	各段階は，行ったり来たりする 1段階（3カ月〜3年）
4	本人は外での疲労感を，愚痴として吐き出す。親は聴く姿勢と対応を身につける	本人を理解してくれる友達や，仲間ができる	
5	バイトに出ても喜ばず，本人が疲れたときに，羽を休める安全基地となる	バイトに出かける	
6	親の経験を本人に伝える　親の成長が本人の成長を支える	異性への関心	

　親はすべての段階で，本人（小学生から50代まで）の話をよく聴く姿勢が大切と思われます。親が本人を理解し受けとめる力がつき始めると，本人はため込んでいた気持ちを親にぶつけ始めることが多くあります。吐き出して気がすむ段階，親を追及し納得する段階，親の努力と限界を本人が受け入れ，自分の親と自分自身を客観的に認める段階があります。本人が親に求めていることを理解しながら対応していく必要があります。このような本人の怒りの吐き出しも，「エネルギーが出てきた証拠ね」と，喜んで受け取れるような無条件の肯定的関心が必要と思われます。

第3節　ひきこもりを生む社会

　ひきこもりという問題には，心理的背景，生物学的背景，社会的背景が関連し合っているといわれています。多様な「状態像」としてのひきこもりを，特定の「原因」に結び付けるのはふさわしくありません。一方で，特に社会や家族の変化に関連して，若者の「働く意欲の低下」「家庭の過保護・過干渉」などがひきこもる若者を増加させていると指摘されることがあります。しかし，若者の社会参加の困難については多様な社会的背景からも考える必要があるといえます。

　およそ1990年代から，非正規雇用（フリーターなど）の若者が増加したり，無業者（職業訓練を受けていない無業者はニートとも呼ばれる）の存在が注目されたりしてきました。ひきこもりに関する報道が増え始めたのも同じ時期です。

　背景として，雇用の流動化や不況の影響が考えられています。経済のグローバリゼーションによって雇用が流動化し，終身雇用や年功賃金などの「日本的雇用」が守られなくなってきたのです。いまや働く人の3分の1は非正規雇用であり，女性や若者では2分の1にも達しています。また長期の失業者は50代から若年者に広がっています。つまり若者が「働けない」ことは社会全体の変化と関係があり，若者だけ「働く意欲がなくなってきた」というわけではないといえます。むしろ流動化や不況の影響を受けやすいのが若者

であるといえるでしょう。

　ただ，教育や子育てに変化が求められているのも確かです。教育社会学者の本田由紀氏は，家族による子育て，学校教育，仕事の世界が互いに密接に関連し合い，機能していた時代の社会システムを「戦後日本型循環モデル」と呼んでいます[9]。日本的雇用のもと，新卒者一括採用が成り立っていた社会では，学校教育は仕事の世界に卒業生を送りだすことを目指していればよく，職業に役立つ特別な教育は求められませんでした。また家庭も，子どもに学歴をつけさせる役割に専念していたことでしょう。

　しかし近年こうした循環に，さまざまな困難が生じてきました。学校教育で「キャリア教育」が求められ，家庭は格差の影響を受け，貧困世帯やひとり親で子育てする母など子育ても多様化しており，支援の必要性も増しています。

　このように，子育てや教育の重要性が高まり，社会的にも厳しい視線にさらされています。一方，以前に増して教育に熱意を注いでも，ゴールとされる就労などについて，成功が約束されているとはいえません。いったん無業やひきこもりの状態になると，再度社会参加するチャンスが少なくなってしまいます。学校新卒者の採用については，バブル崩壊後や平成不況の「氷河期」を一応は脱しているようにみえます。しかしその陰で30代40代以降のニート人口は減っていません。一括採用や，終身雇用が崩れた後も，それに代わって若者を育成する仕組みはまだまだ整っていないのです。

　学校から仕事へという移行は，先進国で共通して困難になっています。親世代の価値観で「仕事はいくらでもみつかる」「努力次第で人生は切り開ける」と若者を叱咤激励することは，時代にそぐわなくなっているといえるでしょう。教育や子育てへの支援を充実すると同時に，スムーズに社会に出られなかったり，いったん社会から距離を取ったりする人が，エネルギーや将来像を回復できる場所が保障されなくてはなりません。

第4節　ひきこもりの背景にある医学的問題

I　ひきこもりに医療は対応したか

　1990年前後にひきこもった人がそのまま長期高年齢化して，40歳台に達したことが注目されています。ひきこもりには，思春期の問題[10]，労働政策の問題としてのいわゆるニート対策（2005），医学心理学の問題[11]などとして指針が出されてきました。これらは横断的で後追い的な側面が強く，ひきこもりの全体像からみると不十分さを免れませんでしたが，東日本大震災後に出された厚生労働省の一連の「ひきこもり関連施策」（2013年以降）は，ひきこもり対応に大きな進展をもたらしました。2014年には「KHJ家族会」が唯一の全国的な統一団体として，その幅広い活動と継続性を評価されました。同家族会は，多くの家族，支援者，専門家および「出てきたひきこもり本人」によって構成され，ひきこもり本人とその家族および社会に対して長年にわたって働きかけ，家族による取り組みなどを行ってきました。近年は，共同体再生の居場所事業，ピア・サポート事業，および長期高年齢化対応などを，行政の精神保健福祉政策とリンクして行い，ピア・サポート精神を有する新しいタイプの家族会としての活動が広がりをみせています。

　ひきこもりは，時代の転換期に多面的な要因をもって広がった複合的な社会病理といえます。個別的には病理性の少ないケースも存在しますが，多くの場合に，教育・家庭・経済・ライフサイクル・心身疾患などの要因が複雑にからみあっています。心身疾患などの医学的要因はその一つであり，医療はひきこもり対応に欠かせない分野といえます。特に精神医学は精神疾患への対応が期待されていますが，個別診断・個別対応という現代医学の基本的姿勢のゆえに，複合的な社会病理がからむひきこもりへの対応には限界をみせました。この期待と現実の乖離が精神医療への批判の根源にあり，現代の精神医療の限界と不幸を示していますが，これは同時に，今後の精神医療が変化の可能性を残しているということができます。

Ⅱ　医療の新しい関わり方

　ひきこもりに関わる精神医療は，生活困窮者自立支援法のもとでは，多様
な官民の団体・機関との協調・協働の中で機能するように位置づけられるで
しょう。同法においては，制度の谷間にあった「ひきこもり，精神疾患，知
的障害，発達障害」など精神医療と関連する領域が，多重過剰債務者などと
ともに取り上げられています。領域や疾患単位別に関わることなく，本人や
家族の抱える複数の問題に「包括的に対応」することが求められているとい
えます。

　また，「ひきこもり外来の実践」[12]からみますと，ひきこもりを，病理性
のない場合，軽い精神疾患があっても社会参加が可能な場合，精神障害のあ
る場合の3つに分けることも可能です。「包括性」を強調するあまり，この
区分を配慮しないままに一つの「ひきこもり状態」とみなしてしまうことも
対応の誤りにつながります。統合失調症などの精神病の場合と病理性の低い
場合とでは対応法が異なるのですが，疲弊した親たちには，我が子の精神状
態を把握できないことも多いのです。統合失調症や重度の発達障害などの場
合には行政の受診援助を求めることができます。ひきこもり全体への保健師，
精神保健福祉相談員など行政からの訪問も開始されました。

　人格の変化・固定化や重度の栄養障害を来たした長期化・重症化ケースに
は，精神科病院への入院が必要なときもあります。民間の精神科病院は精神
病への対応が中心となりますので，公的病院や依存症対応の病院とその外来
の方が，ひきこもりへの対応を行いやすいといえます。また，多機能型診療
所やクリニックは，外来，心理療法，家族会，居場所，デイケア，ショート
ケアなどを同時開催しやすいといえます。ピアグループや自助グループ，地
域活動支援センター，就労継続支援A型・B型(142頁参照)，就労移行支援[注3]
などと連携して，ひきこもりへの対応力を高めることも可能です。民間病院
における「ひきこもり外来」[12]は国策のなかった時期とほぼ一致していま
すが，パーソナルサポート事業や生活困窮者支援の相談事業に取り込まれた

[注3]　障害者総合支援法における訓練等給付事業。

「One Stop」「All‐in‐One」方式の有効性を先駆的に示したものといえます。

Ⅲ　ひきこもりの医学的知識

　不登校やひきこもりの初期には，過敏性大腸炎や頭痛などの心身症，気分の落ち込み，不安，猜疑心，対人不安，不眠など適応障害の症状が多く出現します。「朝の心身症」ともいうべき「頭痛」や「腹痛」を訴え，不登校が成立すると症状が消えるケースもあります。また，社会参加が可能なひきこもりケースにも，うつ状態や社交不安障害が高率に認められることが判明しています（図1-2）[12]。不登校，高校大学中退，就労失敗の挫折感から他人の目に敏感になり，社交不安障害やうつ状態に落ち込むことは理解しやすいでしょう。居場所や第三者の支援，家族会活動から精神療法，薬物療法まで，多様な取り組みがひきこもりからの回復に役立っています。逆に，周囲が働きかけをためらったり，放置したままだったりすると，長期化・高年齢化が進むことになります。不登校・ひきこもり当初の精神疾患が軽症だった場合でも，放置され長期化するにつれて，社会生活を避けてしまう「回避性パーソナリティ障害」，被害妄想を抱く「妄想性パーソナリティ障害」として固定化することがあります。また動きの極端に少ない不活発な生活や栄養の偏りから生活習慣病を進行させてしまうこともあります。40歳を超えた場合には，高血圧，糖尿病，高脂血症などの生活習慣病，鉄欠乏性貧血，虫歯，痔疾，骨粗しょう症などが存在することを想定した方がよいでしょう。逆に，身体疾患の想定，いわゆる「健康診断」の必要性は支援や受診を動機づけることにもなります。

　ひきこもりへの支援には長い時間がかかることを念頭に置いて，支援者が燃え尽きないようにすることが大切です。対応困難なひきこもりケースに，統合失調症，慢性うつ病，パーソナリティ障害，知的障害，発達障害などを伴っていることも多く見受けられます。家族が精神病の存在に気づかないまま相談に訪れる場合や，支援者が精神障害の存在に気づかないままであることもあります。ひきこもり相談会における経験からは，統合失調症はひきこもりの3分の1を占めると推測されます。統合失調症の発病前にひきこもり状態が先行する場合もあります。また慢性化した統合失調症が無為自閉化し，自

他への関心を失い，感情が鈍くなる，いわゆる残遺状態を呈して，「外に出たい」という気持ちを持たなくなることがあります。この場合に「対応開始には本人の意志が欠かせない」ことを第一原則にしますと，「精神病への支援」を封じ込めてしまうことになり，家族は治療も受けさせないまま，一生涯付き合わざるを得なくなってしまいます。生活困窮者自立支援法の「包括的支援」の精神からは，精神障害の可能性がある場合を除外しない支援，福祉の谷間を作らない意図を持つ支援が求められます。したがって，精神障害の有無，精神疾患の程度などを見立てるための精神医学の基本的知識が欠かせなくなるといえます。ひきこもり問題が注目された当初には，ひきこもりは「精神疾患を伴わない無病理」とか，「精神疾患とは関係がない」といった誤解があり，ニート（無業の人たち）対策の延長上で対応できると言った人もいました。ひきこもりが増加しつづける現状から見れば，その誤りは明らかですが，そのような時代にも，KHJ 家族会は，精神病性のひきこもりも含め

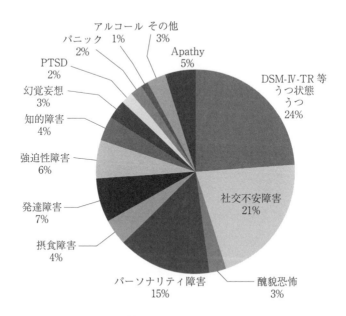

図 1-2　社会的ひきこもりと精神疾患
（佐潟荘ひきこもり外来 220 名の統計から）（中垣内，2014）

た幅広い対応を行ってきました。

　KHJ 家族会はまた，大きな社会変動を背景にして，教育，家族，労働，医療などの社会的システムが人に合わなくなり，ひきこもりが社会病理として背負ったことにも気づいていました[13]。長い間，ひきこもりは本人の個別的な不適応と家族の問題のように見なされてきました。また受験競争のような個別的な社会システムの問題と見なされることもありました。しかし，実際は個別的な不適応の問題などではなく，社会システム全体が機能不全化し，新たなシステムとそれを支える新たな考え方が必要なことを示す社会現象といえます。生活困窮者自立支援法では，この点を捉えて「創造性」を強調しています。家族会や支援者が展開する具体的な創意工夫，支援活動，サポーター養成，居場所の展開などが，新たな共生社会につながることへの期待が高まっているといえます。

第5節　ひきこもりの予防

I　正しく理解する

　「ひきこもり」という言葉には当初から偏見が付きまとっていました。そのため，ひきこもりは「病気」ではなく，「状態」であるという説明がなされました。これが逆に病気とは無縁なものという誤解を生みましたが，実際は，不安障害，抑うつ状態から精神障害や発達障害，知的障害までさまざまな疾患を伴うことが多い事実が示されています。

　ひきこもり個人に対する呼称としては「ひきこもり本人」「ひきこもり状態にある人」などの表現がよいでしょう。「当事者」という言葉は，本人が認めていない段階では押し付けがましくなるからです。しかし，「ひきこもり当事者」であることを本人が自覚することや，「家族当事者」であることを家族が自覚することは，ひきこもりからの回復の道を探る動機づけとなって，社会参加の可能性やピア・サポートの効果を増すことにつながります。ピア・サポートとは，ひきこもり本人や家族が回復した経験を生かして，同じ問題に悩む人へ支援を行うことをいいます。

　旧来のひきこもりの定義では「6カ月以上」という期間をもうけていますが，早期発見・早期対応の視点からみて期間の定義は不要といえます。6カ月放置されれば，ひきこもり体制はそれなりに成立してしまうからです。

Ⅱ　早期発見・早期対応

　ひきこもりの発生とそれに続く長期化を防ぐためには，不登校・不出社の初期から対応を開始する早期発見・早期対応が一つのポイントとなります。頭痛・腹痛などを訴えて登校を渋りだすと親は慌てるばかりか，怒って叱咤する親もいます。しかし，これは「生き方に関わる親子対話」の絶好のチャンスであるとともに，「ひきこもり予防」の大切なチャンスともなります。家族と周囲と支援者の「的を射た対応」が行われるなら，不登校が長引いて，ひきこもりに移行するのを防ぐことができます。叱咤激励など圧力をかけるばかりの対応を行うと「親子関係の機能不全」が進み，本人は対話を拒否してひきこもる体制を作っていきます。このために，家族会（KHJ家族会など）への参加，医療保健福祉の利用，支援者への相談などを早期から行った方がよいといえるでしょう。40歳を超えた長期ひきこもり状態の多くは，家族会・支援者などの社会的資源が極端に少なく，行政対応が不在だった時代に開始しています。不登校・不就労・ニート・ひきこもり状態などに対する行政の取り組みは近年進んできて，対応の経験が蓄積され始めています。KHJ家族会が行政とリンクして全国的に広がるなど，ひきこもりをめぐる社会状況は大きく変化してきています。

Ⅲ　社会システムの変え方

　生活困窮者とその予備軍の増大を踏まえて，生活困窮者自立支援法が制定されました。社会変動に伴って，貧困，認知症，フリーター，ニート，ひきこもりなどの複数の問題を抱える家族が増加し，家族の孤立化・弱体化が急速に進行しています。障害別・疾患別の従来の縦割りの考え方は，ひきこもりをはじめとするさまざまな問題を「福祉の谷間」に放置してしまいましたが，近年はさらに，ひとり親家庭の貧困がひきこもりの深刻な要因として表面化しています。また，小中学生不登校が毎年6万人新たに加わり，総数

12万人と減少しないこと，不登校のまま卒業する中学生が4万人に達すること，小学生の不登校と暴力が再び増加に転じたことなど，教育と家庭と地域の崩壊を示す危機的指標は低下する兆しをみせていません。「大学の一体改革」は教育現場の不安と動揺を引き起こして，高校生年代の不安定化を招いています。学び方の年齢主義，学歴主義，点数主義が教育の形骸化を招いたことや新たな教育のあり方を考え直すことは，ひきこもり予防に大きな効果を与えるでしょう。不登校・ひきこもりに対する旧来の考え方である，待機主義，経過観察，自己責任論なども陳腐化しています。これらの考え方には，10代前半から20代前半までの思春期・青年期が「人生で最も脳機能の不安定な時期」であることを反映していません。若者の自己同一性・社会同一性の確立に有効で，不登校に柔軟に対応でき，ひきこもりを予防する教育システムが，いま求められています。グローバル化社会では，若者を中心としたIT労働化・非正規労働化と，年功序列・終身雇用システムの破たんが進みました。学び方にも，働き方にも，新しい考え方が求められています。ひきこもり問題は，核家族・男女分業の産業社会の中で醸成され，経済社会の変動，少子高齢化，家族機能の低下の中で表面化し，深刻化しました。しかし，いまだに「世間体」や「家族の扶養責任」にとらわれて孤立化し，事態を悪化させている家族が多く存在します。併せて高齢核家族やひとり親家族の増加など家族機能の低下がひきこもり問題と複合化して，家族支援の必要性はさらに増大しています。「生活困窮者支援」では，ひきこもり問題が隠される傾向にも配慮した「包括的支援」「複合的支援」が，深刻化と破たんを防ぐために求められています。

IV　ひきこもりは提起する

　高度成長時代の病院収容主義によって精神疾患や精神障害に対する偏見は固定され，グローバル・スタンダードに大きな遅れを取ることになりました。精神医療の遅れは自殺，うつ，ひきこもり問題の多発となって社会問題化し，2011年にようやく精神疾患が5大疾患に盛り込まれました[14]。いまや，うつ病やアルコール依存症，摂食障害，自殺などは「誰もがなる」疾患であり，不登校やひきこもりも「誰もがなる状態」ということができます。ニートの

60％に心療内科・精神科通院歴があり，ひきこもりの90％にうつ状態や不安障害など軽い精神疾患を合併することが示されています[12]。どの場合でも長期間放置されると重篤化することに変わりありません。ひきこもり対応は，多くの場合に精神疾患への対応と重なります。そのために，精神疾患に対する偏見に気づく必要性はいうまでもありません。逆に，ひきこもり問題はメンタルヘルスの問題に光を当てるとともに，国民の偏見の問題性にも光を当てたといえます。

　ひきこもり支援は，地域と家族の機能低下に対する支援活動であるとともに，新たな居場所などの共同体を創生する活動となります。若者の居場所，同じ課題を持つ人のピアグループ，自助グループなどの新しいつながりが，地域社会の再生のために必要な数だけ創られていく必要があります。若者，女性，高齢者，障害者と共生する社会の綾をどのように織りなしていくかが問われています。ひきこもり支援活動は，新しい学び方・働き方・生き方，家族のあり方，地域共生など社会の新たな方向を創造する過程です。それは，従来の経済主義的価値観を内面化することができなかった「ひきこもり状態にある人」たちが求めて止まないものといえます。ひきこもり問題への支援活動は，大変動期にある社会に対して変化の方向を提起する活動なのです。

◆コラム3　ひきこもりの予防教育

池田佳世

①毎年の調査によると，ひきこもりの初発年齢の一番多いのが15歳，次が24歳そして中学，高校となります。ということは，学校制度のどこかに，問題があると思われます。心に傷を負っても学校には絶対に行かなければならないという価値観に縛られ追い詰められると，ひきこもらざるを得なくなります。

②ひきこもりのきっかけの一つであるいじめについて，予防教育が文部科学省で始まりましたが，すべての学校に行きわたるには時間がかかると思われます。

③ひきこもりのきっかけは，部活での人間関係やその他の生徒間，また教師間での傷つきから起こるものも多いので，人間関係教育を行うことが必要と思われます。

④自立という教育の中には，自分を表現する力，また人とつながることが大切という講座を組み入れていただきたいと思います。

⑤次に多いのが帰国子女。帰国子女が普通校で不登校になる例が少なくないのはなぜでしょうか。ある帰国子女がインターナショナルスクールで，ひきこもらない例がありました。外国の学校との違いをその母親に聞きました。日本の学校では，他人と同じでなければいけないという，横並び意識に縛られる傾向にあります。インターナショナルスクールでは違うのがあたりまえ，食べるものも押し付けないで子どもに合わせます。中学生でも飛び級があったり，教科書を使わない授業があったり，一教科だけ学年を下げてくれたり，子どもに学習を合わせてくれます。日本は集団主義で学習指導要綱が決まっていて，教科の進度を決め，それに人を当てはめようとする傾向にあります。すなわち子どもを学校に合わせようとしがちです。先進国の場合，学校が子どもに合わせてくれることが多いように思われます。この子は何ができるかを探し，良いところを伸ばし，遅れているところは，その子のペースに合わせてやり直してくれます。

　子どもを大切にし，子どもそれぞれの特性に合わせる日本の教育が，予防教育として大切になってくるのではないでしょうか。

⑥親ができる予防教育の一つは，親が子どもの話をよく聴けるようになること。聞いているようでいて，本当に子どもの話を聞いている親は少ないので，講座を作って，聞き方や反抗期にある親教育が必須となります。

⑦反抗期をしっかりと過ごした子はひきこもりにならないようです。反抗期にある子への理解とその対応の仕方を，親も教師も学ぶことが必要と思われます。

第6節　ひきこもりの意義あるいは意味

I　ひきこもり本人の心模様

　「ひきこもり」という名称は，言うまでもなく病名（診断名）でも本人の性格を表すものでもなく状態像を指します。

　もちろん，精神障害や発達障害がきっかけだったり，ひきこもり状態の中で精神障害が発症したりする場合もあります。

　事実，ひきこもり本人のなかには医療を利用して投薬を受けている人も少なくありません。

　また「怠け者」など性格の問題という見方もありますが，仕事や就職活動をサボって気ままに遊び回っている人であれば，それは「怠け者」なのかもしれません。

　しかし，一般にひきこもり本人は「働かなければならないのに働くことができない」「人が怖くて社会参加できない」など，悩みの極致に追い込まれているのです。

　たとえて言うなら「人生という道を歩いていたら，いつの間にか出口の見えない暗いトンネルに入ってしまっていた」という心境です。

　出口の見えない暗いトンネルの中に入ってしまったら，誰でも歩くペースは落ち，先への不安を抱えながら恐る恐る進むことになるでしょう。

II　社会構造に迫られた「生きざま」と見る

　かつては「居候」「高等遊民」「フーテン」など「働かないで生きている人」がいました。しかし現代は「おとなになったら社会人になるのが当たり前」「働かざる者食うべからず」という価値観が支配し，なおかつ「就労する＝給与所得者になる」「仕事のほとんどはサービス業」という社会構造です。しかも，新卒で就職できなければ再挑戦の機会がほとんどなくなります。

　このような時代には，就職できなかったり中途退職してしまったりすれば，自分自身の生きる価値が問われることになります。

　このように，ひきこもり状態とは生きる中で困難な状況に直面して自己の

存在意義の危機におびえながら，葛藤と模索の日々を続けている姿であり，ひと言で表現すれば「生きざま」と呼ぶべきものだと考えられます。

Ⅲ　対応の基本は「配慮」

　このことから，本人への対応の基本は，ひきこもり状態という"トンネル"の途中に穴を開けて引っ張り出すのではなく「無理させず，かと言って特別扱いせず，さり気なく支える」という「配慮」によって「トンネルを踏破させる」という発想になります。これこそ本人が望んでいる見方であるように思います。

　確かに，本人の多くはいわゆる「社会復帰」「就労」を願っています。しかし心の奥底では「でも，誰かに手を引っ張られて／背中を押されてではなく自分の足で自分のペースで歩きたい」「でも，納得できるプロセスを踏んで進んでいきたい」「でも，社会への不安や疑問に折り合いをつけたい」等々，さまざまな「思い」が渦巻いています。

　これらの「思い」は「トンネルを歩き通したい」というひと言に集約されるように思います。

　なぜなら「働くことができるまでにエネルギーが回復していないうちに」「自分が納得できないうちに」社会復帰したり就労したりすることは「自分に嘘をついて」「借り物の自分のままで」生きていくことになることを意味しており，そのことが最も耐えられないことの一つだからです。言うなれば，本人たちは「本物の自分として社会復帰・就労したい」と望んでいるように思われるのです。

　訪問によって引き出そうとするなど，性急・強引な支援を拒む人が多いのは，このような心理メカニズムによるものと考えられます。

　ところが，社会はそのような「本人の思い」「本人のペース」を認めていません。それどころか，本人も性急な解決策を求めていることが多いのです。

　これは，前述した「おとなになったら社会人になるのが当たり前」「働かざる者食うべからず」という社会常識を，ほかならぬ本人も身に着けていることの証です。そのため，前述の「思い」に，本人自身が気づいていないことも少なくありません。

したがって，まずは「願い」と「思い」を統合して自分らしい人生観や生き方を産み出すことができるような支援こそ，本人を再び社会へと向かわせる推進力になるのだと考えられます。

Ⅳ　社会を問い直す現象として

このように，ひきこもり本人たちが複雑多岐にわたる心理を持つ百人百様の存在であるならば，受け入れる側の社会も，もっと多様化しなければならないと考えられます。

たとえば，中間就労の施設や就労支援事業所が増えつつありますが，仕事内容が本人に合っていなければハードルが高くなりますし，やりたいアルバイトが見つかったのに，フルタイム勤務だったので断念した本人もいます。

このように，働く意欲があっても職種や勤務条件とのミスマッチが妨げになって働き出せない本人が少なくないと考えられます。

そう考えますと，ひきこもり本人を「働く気がない」と見るのではなく，多様な職種や緩やかな勤務条件が用意できない社会を「働かせる仕組みがない」と見て，その課題に取り組んでいくことが求められているように思います。

さらに，近年では自由に動けるようになった人のなかに仕事づくりを模索する動きが出てきています。こうした自発的取り組みを支援することも重要な課題になりつつあります。

前述のとおり，本人たちは人と同じ感性と規範意識の持ち主であり，異常であったり劣っていたりするわけではありません。本人の努力もさることながら，それぞれの持ち味を活かすことができないばかりか，かえって排除する方向に向かってしまう社会のキャパシティを広げることが必要ではないでしょうか。

不登校状態を「学校を問い直す現象」と認識している人たちがいるように，ひきこもり状態を「社会を問い直す現象」と認識することが重要です。

Ⅴ　「生活困窮者」としての認識を

近年「生活保護」について「努力しないで安易に頼る」といった誤ったイメージが流布しています。その陰には「生活保護を申請せずにがんばってい

る貧困者」の存在があります。

　しかし，生活保護を受給している人のほとんどは，高齢者や病者であり，また貧困者であれば誰でも申請する権利があります。すなわち，生活に困窮している人はどのような人であっても，生活保護にかぎらずどんな社会保障制度を利用してもよいというのが，社会保障制度の本質であり，ひきこもり本人もその例外ではありません。

　理由はどうあれ，ひきこもり本人も等しく生活困窮者の一人として，それぞれの人に合った支援を共に考えていきたいものです。

文献

1) 内閣府（2016）若者の生活に関する調査.
2) 島根県健康福祉部調査（2014）ひきこもり等に関する実態調査報告書.
3) 山形県子育て推進部（2013）困難を有する若者に関するアンケート調査報告書.
4) 特定非営利活動法人全国引きこもり KHJ 親の会（家族会連合会）（2015）平成 26 年度セーフティネット支援対策等事業費補助金　社会福祉推進事業　ひきこもりの実態およびピアサポーター養成派遣に関するアンケート調査報告書.
5) 境　泉洋・斎藤まさ子・本間恵美子，他（2013）「引きこもり」の実態に関する調査報告書⑩—NPO 法人全国引きこもり KHJ 親の会における実態.
6) 斎藤まさ子・本間恵美子・真壁あさみ，他（2013a）高校・大学時でひきこもりとなった子どもをもつ母親の体験—ひきこもり「親の会」に参加するまで. 新潟青陵学会誌，5（3）; 21-29.
7) 斎藤まさ子・本間恵美子・内藤　守，他（2014）ひきこもる青年の社会参加に影響する要因—支援機関にアプローチするまでの体験の質的分析. 新潟青陵学会誌，7（2）; 32.
8) 斎藤まさ子・本間恵美子・真壁あさみ，他（2013b）ひきこもり親の会で母親が子どもとの新たな関わり方を見出していくプロセス. 家族看護学研究，19（1）; 12-22.
9) 本田由紀（2014）社会を結びなおす—教育・仕事・家族の連携へ. 岩波書店.
10) 伊藤順一郎，他（2003）「社会的ひきこもり」に関する相談・援助状況実態調査報告 地域精神保健活動における介入のあり方に関する研究　平成 14 年度報告書（10 代・20 代を中心とした「ひきこもり」をめぐる地域精神保健活動のガイドライン—精神保健福祉センター・保健所・市町村でどのように対応するか・援助するか.
11) 齊藤万比古（2010）ひきこもりの評価・支援に関するガイドライン. 厚生労働科学研究費補助金こころの健康科学研究事業「思春期のひきこもりをもたらす精神科疾患の実態把握と精神医学的治療・援助システムの構築に関する研究（主任研究者　齊藤万比古）」. http://www.ncgmkohnodai.go.jp/pdf/jidouseishin/22ncgm_hikikomori.pdf
12) 中垣内正和（2014）ひきこもり外来の実践. 医学のあゆみ，4 ; 255-261.
13) 中垣内正和（2005）ひきこもりを生む社会. アディクションと家族，1 ; 17-26.
14) 厚生労働省（2011）第 19 回社会保障審議会医療部会資料.

第2章　ひきこもりのアセスメントと評価

野中俊介・境　泉洋・嶋田洋徳

> キーワード：アセスメント，評価，特徴的行動，適応行動，心理的特性，
> 　　　　　　否定的評価，セルフ・エフィカシー，困難感，関係機能

第1節　アセスメントと評価のポイント

　本章では，支援を実施する際に，ひきこもり状態から社会的に自立できるようになるまでの回復プロセスを示し，ひきこもり状態にある人が次に取り組むべき課題を明確にするために活用できる，ひきこもり状態に特化したアセスメント・ツール（質問紙）を紹介します。

　ひきこもりを主訴とするケースの支援の初期においては，家族支援が中心になることが多いことから[1]，本人だけではなく，本人を抱える家族（以下，家族）の状況のアセスメントが重要です。また，同様に家族支援においては，家族の関わりが本人に影響を与えることを想定することが多いことから，本人と家族との相互作用のアセスメントが必要とされます。そのため，本章においては，本人，家族，相互作用をアセスメントすることを目的としたツールを紹介します。表2-1のとおり，ここでは質問紙式のアセスメント・ツールを取り上げています。質問紙式は，面接式に比べて簡便であり，回答者の負担も少なく実施できるというメリットがあります。その一方で，それぞれの質問紙の特徴や留意点を理解したうえで実施しなければ，質問紙の結果から得られた情報を誤って活用してしまう恐れがあります。したがって，各質問紙の特徴や留意点を理解する必要があります。

　また，本章で紹介している質問紙のうち，本章の著者らが作成した尺度に

関しては付録に掲載してあるため，具体的な内容については付録3「アセスメント・ツール」をご参照ください。

表2-1　本章で紹介するアセスメント・ツール

尺度名	アセスメント対象	回答者	項目数	内容
1 ひきこもり行動チェックリスト[3]	本人	家族	45	「攻撃的行動」，「対人不安」，「強迫行動」などの側面から構成される問題行動
2 ひきこもり適応的行動尺度[24]	本人	家族	38	「受療・援助要請」，「社会参加」，「家庭内外の交流」などの側面から構成される適応的行動
3 ひきこもりに関連する心理的特性[8]	本人	本人	23	「他者からの評価への過敏さ」，「自己否定・不全感」，「孤立傾向」の側面から構成される心理的特性
4 ひきこもり状態に対する否定的評価尺度[13]	家族	家族	12	ひきこもり状態に対する否定的な認知
5 ひきこもり本人が示す問題行動への対処に関するセルフ・エフィカシー[18]	家族	家族	10	ひきこもり状態にある人が示す問題行動への対処に関するセルフ・エフィカシー
6 ひきこもり青年の親の困難感尺度[19]	家族	家族	18	「夫婦間の協力」，「ひきこもり青年に対する心的葛藤」，「社会資源の活用」の側面から構成される親の困難感
7 ひきこもり関係機能尺度[23]	本人と家族の相互作用	家族	12	ひきこもり状態にある人との相互作用

第2節　本人のアセスメント

　この節では，本人をアセスメントするツールを3つ紹介します。本人に関する情報を家族から収集することはひきこもり状態へのより効果的な対応を行うための情報収集の方法として有用であり，質問紙による手法は，簡便に情報を得られるという長所を有しています。ここで紹介する3つの質問紙のうち,「ひきこもり行動チェックリスト」と「ひきこもり適応的行動尺度」は，付録3として掲載しているため，質問紙の詳細はそれをご参照ください。

I　ひきこもり行動チェックリスト：
Hikikomori Behavior Checklist（以下，HBCL）[3]

1. ひきこもり状態における特徴的行動の概念

　従来，ひきこもり状態については，さまざまな状態像が含まれているとされながらも，その状態像を客観的データに基づいて体系的に分類，整理した研究は十分に行われていませんでした。この質問紙の作成過程においては，まず予備的な調査[2]によって，本人が示す特徴的行動について，家族に自由記述を求めたところ，94の特徴的行動が収集されました。HBCL は，この研究[2]をもとに，本人の特徴的行動を査定することのできる評価尺度として作成されたものです。HBCL の開発によって，本人の特徴的行動は，攻撃的行動，対人不安，強迫行動，家族回避行動，抑うつ，日常生活活動の欠如，不可解な不適応行動，社会不参加，活動性の低下，不規則な生活パターン，と多くの要因からなることが明らかにされています。本人の状態像が多様かつ複雑であることが確認されていることから[3]，ひきこもりの状態像をひとくくりにするのではなく，個々に丁寧にアセスメントを行う必要があります。

2. HBCL の臨床的意義

　HBCL を用いることによって，それらの特徴的行動が本人にどれくらいの頻度で認められるのか，またそれらの特徴的行動は，ひきこもり状態にない

人と比較してひきこもり特有の行動なのかを，明確に判断するための基礎資料を得ることができます。

3. HBCL の構成と実施方法

HBCL は，本人が示す特徴的行動 45 項目から構成されており，「0：全くあてはまらない」〜「3：非常にあてはまる」の 4 件法で家族に回答を求める質問紙です。得点が高いほど特徴的行動が多いことを示しています。

4. HBCL の信頼性と妥当性

HBCL は，弁別的妥当性，因子的妥当性および内的整合性が検討され，いずれにおいても高い妥当性が示されています。また，再検査一貫性も検討され高い信頼性が示されています。

5. HBCL 実施上の留意点

HBCL の作成にあたり，HBCL と精神疾患の既往歴との関連について検討されていますが，精神疾患の既往歴に関しては家族のみからの情報収集であり，情報の受当性に限界があります。そのため，精神疾患の有無に関しては，本人に何らかの形で直接会ったり，精神疾患の症状を測定するチェックリストなどを行う必要があります。

Ⅱ　ひきこもり適応的行動尺度（以下，適応尺度）[24]

1. ひきこもり状態に関する適応的行動の概念

ひきこもり状態からの改善をアセスメントする際には，ひきこもり状態を「問題行動を行っている状態」と捉えるだけではなく，「適応的行動が遂行できない状態」という捉え方が重要となります。この質問紙の作成過程においては，まず「ひきこもり状態に関する適応的行動」として，ひきこもりの評価・支援に関するガイドラインにおける，ひきこもり状態の定義[4]，「ひきこもり回復のステップ」[5]，受療への準備性に関する尺度[6]，生活機能に関する尺度[7] をもとに項目プールが作成されました。そのため，この質問紙は，「受療・援助要請」「社会参加」「家庭内外の交流」「生活スキル」に関する項

目から構成されています。

　また，ひきこもり状態に関わる支援を専門とする心理職，福祉職，精神科医など13名から構成される専門家会議において上記で収集した項目案を検討し，項目の追加や文言の修正が行われました。その結果，38項目から構成される適応尺度が作成されました。

2. 適応尺度の臨床的意義

　適応尺度を用いることによって，本人が現在どの程度の適応状態であるかを判断するための基礎資料を得ることが可能になります。

　さらに，本人に関する情報を家族から収集することは，ひきこもり状態への効果的な対応を行うための情報収集の方法として有用であり，適応尺度はそのための査定方法として簡便さを有しています。

3. 適応尺度の構成と実施方法

　この質問紙は，本人が示す適応的行動に関する38項目から構成されており，「0：全然ない」〜「3：よくある」の4件法で家族に回答を求める質問紙です。得点が高いほど適応的行動が多いことを示しますが，一部の項目に逆転項目があります。

4. 適応尺度実施上の留意点

　適応尺度は，一般的にひきこもり状態に関連することが多い適応的行動をアセスメントする項目から構成されていますが，その行動が適応的かどうかは個人差が小さくないため，実際にどのような行動の増加を目指すのかは個人に応じて判断する必要があります。

Ⅲ　ひきこもりに関連する心理的特性 [8]

1. ひきこもりに関連する心理的特性の概念

　「ひきこもり」の状態像は，その現象を厳密に定義することが難しく，多様な背景が存在するといわれています。その一方で，松本 [8] は，「ひきこもり」の心理的特性には共通性がみられるのではないかという仮定のもとに，ひき

こもりに共通する心理的特性の傾向を探索しています。この調査では，①一般大学生に対する調査，②制作者の臨床経験，③ひきこもりに関する知見[9), 10)]，をもとに項目を作成し，複数の専門家からの助言を得ることによって項目を修正しています。そして，一般大学生を対象とした調査の結果，その心理的特性は「他者からの評価への過敏さ」「自己否定・不全感」「孤立傾向」に関する項目から構成されることが示されています。

2. ひきこもりに関連する心理的特性の臨床的意義

本人の心理的特性の側面からの状態像を「簡便に」理解するための手法は極めて少なく，この尺度は心理的特性を理解するうえで有用であると考えられます。また，松本[8)]は，この質問紙を大学生へのカウンセリングに応用した例を示しています。この例では，尺度に回答して本人が自己の心理的特性を理解してカウンセラーと共有し，同じ歩調をとることによって，その後の行動変容に役立てることができたとされています。

3. ひきこもりに関連する心理的特性の構成と実施方法

ひきこもりに関連する心理的特性尺度は，心理的特性に関する23項目から構成されており，「はい」〜「いいえ」の2件法で本人に回答を求める質問紙です。「はい」という回答が多いほどひきこもりに関連する心理的特性が高いことを示します。

4. ひきこもりに関連する心理的特性の信頼性と妥当性

ひきこもりに関連する心理的特性尺度は，3つの下位尺度ごとに，下田式SPI検査[11)]との相関分析による妥当性および内的整合性が確認されています。

5. ひきこもりに関連する心理的特性実施上の留意点

本尺度は，ひきこもりに関する心理的特性を理解するうえで有用ですが，一般大学生を対象として調査が行われているため，実際に，本人を含め，一般大学生以外を対象として使用する場合には結果の解釈に注意が必要です。

第3節　家族のアセスメント

　本節では，家族をアセスメントするツールを3つ紹介します。そのうち，「ひきこもり状態に対する否定的評価尺度」と「ひきこもり状態にある人が示す問題行動への対処に関するセルフ・エフィカシー」は，付録3として掲載しているため，質問紙の詳細はそちらをご参照ください。

I　ひきこもり状態に対する否定的評価尺度 (以下，否定的評価尺度) [13]

1.　ひきこもり状態に対する否定的評価の概念

　植田ら [12] は，家族のストレス状態について調査を行い，家族は明らかに高いストレス反応を示すと指摘しています。支援の初期段階においては家族を介しての支援を継続させなければならない事例が多く，家族への支援を行う場合には，家族の心理的負担を軽減することが重要となります [1]。

　家族のストレス反応に影響を及ぼす要因として，家族がひきこもり状態をどのように捉えているかといった認知的側面があります [14]。否定的評価尺度作成にあたり，ひきこもり本人家族の特徴的な認知について調査を行ったところ，「働くべきだ」／「経済的に自立すべきだ」／「もっと努力すべきだ」などの否定的評価が目立ち，こうした否定的評価が親のストレス反応に影響を及ぼしていることが明らかにされました [13]。同時に，ひきこもり状態に対する親の否定的評価は，父親の方が母親よりも高く，また本人が男性の場合の方が女性の場合よりも高いことも明らかにされています。こうした背景には，男性がより強く就労を期待される社会的背景が関連していると考えられています。このようなひきこもり状態に対する否定的評価は，世間一般の基準と比較するとそれほどかけ離れた内容ではないと考えられるため，家族にひきこもり状態という問題が存在しなければそれほどの悪影響を及ぼさないと考えられます。しかし，ひきこもり状態にある人が家族にいることによって，ストレスなどの悪影響を引き起こすきっかけとなり，家族は世間一般とは異なる考えを認めざるを得ないことに強い抵抗を感じるものと推測されます。

2. 否定的評価尺度の臨床的意義

　親のストレス反応を低減させるには，ひきこもり状態に対する否定的評価を変容することが有効です。ひきこもり状態を否定的に捉えないことが自らの余裕を生み出し，家族の世間一般とは異なる考えを認めることの抵抗を和らげることにつながります。そのため，親自身のストレス反応を低減する際の指標として否定的評価尺度を用いることが有益であると考えられます。

3. 否定的評価尺度の構成と実施方法

　否定的評価尺度は，ひきこもり状態を否定的に評価する内容の 12 項目から構成されており，「0：全くあてはまらない」～「3：非常に当てはまる」の 4 件法で家族に回答を求める質問紙です。得点が高いほどひきこもり状態を否定的に評価する程度が高いことを示します。

4. 否定的評価尺度の信頼性と妥当性

　否定的評価尺度は，内容的妥当性および基準関連妥当性について検討されており，いずれにおいても十分な妥当性が示されています。また，内的整合性の側面から，高い信頼性が認められています。

5. 否定的評価尺度の実施上の留意点

　「働くべきだ」などといった本尺度の項目にある認知は，一概に不合理というわけではなく，むしろひきこもりの解決に取り組むための動機づけの要因にもなりえます。しかし，そのような認知の程度が強すぎた場合に不適応的になると考えられ，特に否定的評価尺度で測定される認知が家族のストレスを高めることによって不適切な対応が生じている場合には，否定的評価を弱める必要があります。しかし，ひきこもり状態への否定的評価の程度が親の対応にどのような影響を与えるかまでは明らかにされていないため，今後その点については検討する必要があります。

Ⅱ　ひきこもり状態にある人が示す問題行動への対処に関するセルフ・エフィカシー（以下，セルフ・エフィカシー尺度）[18]

1.　セルフ・エフィカシーの概念

　ストレス反応に影響を与える認知的要因として多くの研究が行われていますが，なかでもセルフ・エフィカシーはストレス反応を減少させる主要な認知的要因となります。セルフ・エフィカシーとは，ある行動を起こす前に個人が感じている「自己遂行可能感」のことをいい，個人が感じるセルフ・エフィカシーの程度は，ある結果を生みだすために必要な行動をどの程度うまく行うことができるかという予測的指標になります[14]。セルフ・エフィカシーが高いほど，精神的健康がよい状態にあることが多くの研究において指示されており[15], [16]，セルフ・エフィカシーはストレス反応の表出を抑える認知的要因であり，家族の心理的負担を軽減させるうえで重要な役割を果たすと考えられています。

2.　セルフ・エフィカシー尺度の臨床的意義

　家族のストレス反応を低減するためには，セルフ・エフィカシーといった肯定的な認知的要因を変容する支援方法が有効です。ひきこもり状態にしばしば見られる問題行動の背景には精神疾患の存在が指摘されているなど[17]，多くの問題が絡み合っていることから，ひきこもり状態への支援にあたっては，さまざまなアプローチが必要になります。認知的要因の変容といった支援に限っても，否定的評価の低減のみならず，セルフ・エフィカシーを高める支援の有用性が示唆されたことには大きな意義があると考えられます。

3.　セルフ・エフィカシー尺度の構成と実施方法

　セルフ・エフィカシー尺度は，ひきこもり状態への対処に関する家族のセルフ・エフィカシーに関する 10 項目から構成されており，「0：全く自信がない」〜「10：非常に自信がある」の 11 件法で家族に回答を求める質問紙です[18]。得点が高いほどセルフ・エフィカシーが高いことを示します。

4. セルフ・エフィカシー尺度の信頼性と妥当性および実施上の留意点

　セルフ・エフィカシー尺度は，内容的妥当性についての検討と内的整合性の算出が行われており，いずれも十分な高さが認められていることから，信頼性，妥当性ともに有している質問紙であると考えられます。しかしながら，内容的妥当性以外の妥当性については確認されておらず，妥当性については課題が残っているといえます。

Ⅲ　ひきこもり青年の親の困難感尺度（以下，困難感尺度）[19]

1.　困難感尺度の概念

　ひきこもり状態にあるケースにおいては，支援・医療機関等への初期の来談者のほとんどが家族であることからもわかるように，親をはじめとした家族が困難感を有するケースが少なくありません。こういったケースでは，まず家族の困難感の程度をアセスメントすることが有用であると考えられます。船越ら[19]により，このような観点からひきこもり青年の親の困難感尺度が作成されています。この尺度は，「夫婦間の協力」「ひきこもり青年に対する心的葛藤」「社会資源の活用」に関する項目から構成されています。

2.　困難感尺度の臨床的意義

　ひきこもりケースの親に特有の困難感を測定することができます。また，親の困難感を低減することで，結果的に本人に良い影響を与えることができると考えられます。さらに，親の困難感の程度を理解したり，親への支援によって困難感がどのように変化したのかを理解したりするうえで役立てることができると考えられます。

3.　困難感尺度の構成と実施方法

　困難感尺度は，ひきこもり青年の親の困難感に関する18項目から構成されており，「A：全く当てはまらない」～「D：よくあてはまる」の4件法で，親に回答を求める質問紙です。得点が高いほど親の困難感が高いことを示しますが，一部の項目に逆転項目があります。

4. 困難感尺度の信頼性と妥当性

　困難感尺度は，因子的妥当性および基準関連妥当性について検討されており，いずれにおいても十分な妥当性があると確認されています。また，内的整合性を求めており，十分な信頼性が認められています。

5. 困難感尺度の実施上の留意点

　困難感尺度は，質問紙式のため簡便に活用することができますが，精神疾患に関連した困難感を評価することはできないとされています。また，本尺度で測定した親の困難感と本人の状態像の関連を明らかにすることは今後の課題であると考えられます。

第4節　本人と家族の相互作用のアセスメント

　本節では，本人と家族の相互作用をアセスメントするツールを1つ紹介します。尺度は，付録3として掲載しているため，質問紙の詳細はそちらをご参照ください。

I　ひきこもり関係機能尺度：
Hikikomori Relationship Function Scale（以下，HRFS）[23]

1. ひきこもり状態における家族機能の概念

　ひきこもり状態において特に問題視されるケースには，家庭内暴力や家族回避行動などの家族に対する特徴的な問題行動が認められ[3]，また小林ら[20]は家族関係の悪化を指摘しています。家族機能が悪いと支援の有効性や継続性が減少することが推測され[21]，ひきこもり状態への支援においては，多くの場合，家族支援を通して本人の問題行動を変容していく必要性があることを考慮すると，家族は本人との適切な関係を維持することが求められています。

　本人と家族の関係性を評価する場合，行動論的理解の有効性が示されています[22]。行動論的理解とは，行動理論の一つであるオペラント条件づけを指しており，ある行動が獲得，維持されるかどうかは，その行動の直後の環

境変化に依存するという考え方です。「ひきこもり」に関してもそれを行動とみなし，その後に続く環境の変化に注目し，それを変えることで「ひきこもり」と称される一連の行動を変えることができると考えられます。本人にとっての環境は，ほとんどの場合が同居する家族のことであるため，家族の行動を変えれば，本人の問題行動を変容することが可能となります。境・坂野[22]は，本人の行動を行動論的に理解し，対応方法を学ぶ集団心理教育を，親を対象に実施することによって，本人の問題行動の減少に一定の有効性を示しています。これらのことから，ひきこもり状態への支援において，行動理論に基づく「家族機能」の評価が重要になります。

2. HRFS の臨床的意義

　行動論的観点から「家族機能」を評価することによって，より有効的な支援方法を立案することが可能になります。野中ら[23]は，家族の望ましい行動を増やす機能が低下することによって，ひきこもり状態が長期化する可能性があること，家族は望ましくない行動を減らす機能を失っている可能性があることを示唆しています。このような指標は，それぞれの家族にとって必要なスキルは何であるかを明らかにすることにもつながります。

3. HRFS の構成と実施方法

　HRFS は，対象者と本人の関係が適切に機能しているかを，正の強化，負の強化，正の弱化，負の弱化といった行動論的観点から測定するためのものです。項目作成にあたっては関係性を測定するために，コミュニケーション場面の一つであると考えられる本人との会話場面を想定しています。また，先行条件，回答者（家族）の行動，結果（本人の反応）からなるように項目を作成し，本人に対する回答者の行動が，一般的に考えられる機能を有しているか測定しています。具体的な回答者の行動としては，正の強化は「ほめる」，負の強化は「仕事をしないことを追求するのをやめる」，正の弱化は「しかる」，負の弱化は「会話をやめてその場から離れる」などとしています。HRFS は，回答者の働きかけの後の本人の行動の増減を尋ねる 12 項目から構成されており，「1：減る」〜「5：増える」の 5 件法で家族に回答を求め

る質問紙です。得点が高いほど家族機能が高いことを示しますが，一部の項目に逆転項目があります。

4. HRFS の信頼性と妥当性および実施上の留意点

　HRFS は，行動理論に基づいて作成されたものの，信頼性，妥当性については検討されていません。そのため，今後は本人に対する親の対応の機能を測定するための尺度についてさらなる検討が加えられる必要があります。また，実際の家族関係については，質問紙だけではなく，具体的な情報を聞き取ったうえで詳細に検討していく必要があります。

第5節　アセスメントと評価の実際および今後の展望

I　アセスメント・ツールの使い方

　本章で紹介したアセスメント・ツールは，いずれもひきこもり状態に焦点を当てた質問紙です。心理療法の一つである認知行動療法的の観点に基づき，これらの質問紙間の理論的に想定される関連を図 2-1 に示します。この図を用いたアセスメント・ツールの使い方として，①支援の効果を検討すること，②個々のケースに合わせた支援を計画すること，の大きく 2 つがあげられます。

　たとえば，支援の効果を検討する際に，図 2-1 を踏まえると，ひきこもり改善のためには，まずは問題行動（HBCL）や適応的行動（適応尺度）の改善を目指すことができると考えられます。また，同様に，家族支援においては，まずは家族と本人の相互作用（HRFS）を改善させることが本人の変化につながると考えられます。そのため，これらの質問紙を用いて支援を開始する前後で，その結果を具体的に比較することで，それまで行った支援の効果をある程度客観的，かつ俯瞰的に検討することができます。

　また，個々のケースに合わせた効果的な支援を計画する際に，そのケースの特徴を理解し，その特徴に合わせた支援を行ううえでアセスメント・ツールを役立てることができます。たとえば，図 2-1 を踏まえると，関係機能の

タイプ（たとえば,「正の強化」「負の強化」が低いタイプや,「正の弱化」「負の弱化」が低いタイプなど）に合わせてアプローチを変えることで,より効果的な支援が可能になると考えられます。

Ⅱ　アセスメントと評価における今後の展望

　先述のように,図2-1で示したモデルを踏まえたアセスメントおよび支援を行うことで効果を高めることができると考えられますが,図2-1で示したモデルのうち,実証的に示されている質問紙間の関連は一部に限られています。たとえば,親の否定的評価は親のストレスに影響を及ぼしていることが実証的に示されています[13]。また,HBCLで測定される特徴的行動は,ひきこもり状態にある人とそうでない人で異なることが実証的に示されています[3]。しかしながら,それ以外の図2-1における質問紙間の関連の多くは,理論的に想定されるものであり,エビデンス（実証）の収集はこれからであることに十分に留意する必要があります。したがって,今後はこの想定されるモデルなどを体系的に検討することによって,ひきこもり状態の改善につながるプロセスを明らかにする必要があります。

　また,アセスメント・ツールをより充実させることも今後の課題としてあげられます。表2-1の通り,本章であげられた質問紙の多くは家族が回答する質問紙です。確かに,ひきこもりケースの支援においては,本人自身というよりも家族の来談が多く,家族回答によって得られる情報は極めて有用で

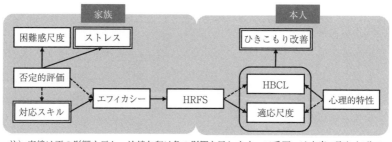

注）実線は正の影響を示し,波線矢印は負の影響を示します。二重囲いは本章で取り上げていない要因を示します。

図2-1　ひきこもり状態の改善を目指すうえで想定される諸要因の位置づけ

す。しかしながら、家族回答による情報は、本人回答と比較してバイアスが生じる可能性は否めません。したがって、特に本人の来談以降において活用することのできる本人回答用の質問紙をさらに充実させる必要があると考えられます。

　さらに、本章であげられた家族回答式の質問紙のほとんどは、同様の質問を本人が回答したときに、どの程度同じような回答が得られるかという親子間の回答の関連性は明らかにされていません。この点も含め、今後は既存の質問紙の精緻化を行い続けることも重要であると考えられます。

文献

1) 地域精神保健活動のあり方に関する研究班（2003）10代・20代を中心とした「ひきこもり」をめぐる地域保健活動のガイドライン―精神保健福祉センター・保健所・市町村でどのように対応するか・援助するか．こころの健康科学研究事業．
2) 石川信一・滝沢瑞枝・佐藤寛，他（2002）ひきこもりの実態（2）―ひきこもり行動チェックリスト（HBCL）の作成．日本行動医学会第9会大会発表論文集，11.
3) 境　泉洋・石川信一・佐藤　寛，他（2004）ひきこもり行動チェックリスト（HBCL）の開発および信頼性と妥当性の検討．カウンセリング研究，37（3）；210-220.
4) 齊藤万比古（2010）思春期のひきこもりをもたらす精神科疾患の実態把握と精神医学的治療・援助システムの構築に関する研究．厚生労働科学研究費補助金（こころの健康科学研究事業）．
5) 中垣内正和（2008）はじめてのひきこもり外来―専門医が示す回復への10ステップ．ハート出版．
6) Miller, W.R. & Tonigan, J.S.（1996）Assessing Drinker's Motivation for Change : The Stage of Change Readiness and Treatment Eagerness Scale（SOCRATES）. Psychology of Addictive Behaviors, 10；81-89.
7) 境　泉洋・平川沙織・原田素美礼（2012）「引きこもり」の実態に関する調査報告書⑨―NPO法人全国引きこもりKHJ親の会における実態．徳島大学境泉洋研究室．
8) 松本　剛（2003）大学生のひきこもりに関連する心理的特性に関する研究．カウンセリング研究，36；38-46.
9) 斎藤　環（1998）社会的引きこもり―終わらない思春期．pp.25-27．PHP新書．
10) 田中千穂子（1996）ひきこもり．pp.5-21，サイエンス社．
11) 塩見邦雄・吉岡千尋・田中宏尚（1987）下田式性格検査解説書．日本文化科学社．
12) 植田健太・境　泉洋・佐藤　寛，他（2004）ひきこもり状態にある人を持つ親のストレス反応．早稲田大学臨床心理学研究，3；93-100.
13) 境　泉洋・滝沢瑞枝・中村　光，他（2009）子どものひきこもり状態に対する親の否定的評価とストレス反応の関連．カウンセリング研究，42（3）；207-217.
14) 坂野雄二・東條光彦（1986）一般性セルフ・エフィカシー尺度作成の試み．行動療法研究，2；91-98.
15) 金外淑・嶋田洋徳・坂野雄二（1996）慢性疾患患者の健康行動に対するセルフ・エフィ

カシーとストレス反応との関連. 心身医学, 36；499-505.

16) 鈴木伸一・笠貫　宏・坂野雄二（1999）心不全患者の QOL および心理的ストレスに及ぼすセルフ・エフィカシーの効果. 心身医学 39；259-265.

17) 近藤直司・岩崎弘子・小林真理子, 他（2007）青年期ひきこもりケースの精神医学的背景について. 精神神経学雑誌, 109；834-843.

18) 境　泉洋・坂野雄二（2009）ひきこもり状態にある人の親のストレス反応に影響を与える認知的要因. 行動療法研究, 35（2）；133-143.

19) 船越明子・宮本有紀・島津明人（2011）ひきこもり青年の親の困難感尺度の開発. 三重県立看護大学紀要, 15；39-55.

20) 小林清香・吉田光爾・野口博文, 他（2003）「社会的ひきこもり」を抱える家族に関する実態調査. 精神医学, 45；749-756.

21) 近藤直司・境　泉洋・石川信一, 他（2008）地域精神保健・児童福祉領域におけるひきこもりケースへの精神医学的背景について. 精神神経学雑誌, 110；536-545.

22) 境　泉洋・坂野雄二（2010）ひきこもり状態にある人の親に対する行動論的集団心理教育の効果. 行動療法研究, 36；223-232.

23) 野中俊介・大野あき子・境　泉洋（2012）行動論的観点からみたひきこもり状態と家族機能の関連. 行動療法研究, 38（1）；1-10.

24) Nonaka, S., Shimada, H., & Sakai, M.（2018）Assessing adaptive behaviors of individuals with hikikomori（prolonged social withdrawal）: Development and psychometric evaluation of parent-report scale. International Journal of Culture and Mental Health, 11；280-294.

第3章　ひきこもりへの支援の展開

竹中哲夫

> キーワード：把握・アウトリーチ，アセスメント，多様な支援方法，
> 　　　　　　健康な部分，困難な部分，ゆるやかな支援目標，
> 　　　　　　個別の諸事情を考慮した長期・総合支援方式，
> 　　　　　　プラン評価・再プラン・終結

第1節　把握・アウトリーチ

　ひきこもり状態にある人は，自ら相談に訪れたり，電話をしたりすることが苦手です。通常は家族が相談の発端ですが，家族も身内にひきこもり本人がいることは知られたくないとか，そのうち何とかなる（本人がやる気になる）のではないかとか，もし重い精神障害などの問題が隠されていたら大変だがその本体を見たくないなどの複雑な思いを抱えていて，問題を外に出したくないことが多いものです。そのためいつの間にか，数年が経過してしまったということになります。

　そこで，自立相談支援機関（窓口）などにおいても，できるだけ早期にひきこもり本人を把握し，無理なく相談につなげる必要があります。そのためには，各種の調査結果の活用，地域の多様な相談支援機関との情報交換，ひきこもりに対する広報や講演会や現地出張相談会など（これもアウトリーチの一つです）を開催し，自立相談支援機関の存在を広く知ってもらい，自立相談支援機関とひきこもり本人や家族との接点を持つ必要があります。現地相談会などでは，住所・氏名・連絡先・誰の問題かなど簡単な（略式の）相談受付ができるようにしておくと後日正式な相談受付につなぐ働きかけができます。

　またひきこもりなど若者問題への住民意識調査などを行った場合は，その結果を講演会・懇談会などの形で地域に報告することによって，地域に相談を必要としている人が相当数存在すること，早期相談が有意義であることなどの理解を深めることができます。このような取り組みによって，相談を躊躇している家族や本人が相談への第一歩を歩む機会が増加します。

　ひきこもり本人の個別的把握については，以下に例示するような経路があります。

① 精神保健福祉センター，保健所などの行政機関からの情報提供
② 地域包括支援センターなどが高齢者の介護相談などのため家庭を訪れた際に得た情報
　（「実は我が家にひきこもりの子どもがいるのです」というような経緯により得た情報の提供）
③ 社会福祉協議会・地域若者サポートステーション・民間支援団体からの情報提供
④ 民生委員などからの情報提供
⑤ ひきこもり本人の家族からの情報提供
⑥ ひきこもり本人からの情報提供

　しかしひきこり本人の情報は，家族からの情報提供がない場合は把握が難しいことがあります。また把握できても相談受付につながらないことがありますので，先にふれた調査広報・講演会などと組み合わせる工夫が必要になります。

第2節　相談受付

　相談の受付は，家族やひきこもり本人からの電話，手紙，直接の来所，他機関からの紹介などによって行われます。そのためにはまず，把握・アウトリーチ（第1節）で述べたように，ひきこもりに関する広報や講演会・出張相談会などを開催し，ひきこもり相談について自立相談支援機関（窓口）な

どで積極的に取り組んでいることを広く知ってもらう必要があります。

　こうして，何らかの形で最初の相談があった場合，相談内容を的確に把握し，具体的なひきこもり相談の流れにつないでいく必要があります。ひきこもり相談の場合，親は，息子・娘が仕事を辞めた，学校を辞めた（あるいは休学している），友人関係が切れた，外出が少なくなった，家族を避け自室にこもっている，自分では電話や宅配便を受け取らない，などの問題を抱えて心配しています。しかし，その状態がひきこもりなのかどうかは決めがたく思っていることも少なくありません。支援が必要なことなのか一時の異変なのかの判断に迷っていることも多いものです。したがって相談の受付段階では，「ひきこもり相談」という断定ではなく，上記のような状態像が重なっていることを確認し，次の段階であるアセスメント（第3節）などにつなぐことを考慮する必要があります。「ひきこもりであるかどうかも含め，ご心配なことを一度ゆっくりお話しください」という姿勢で相談の受付を勧めることが必要なことも多いでしょう。もちろん，はじめから「長期のひきこもりで困っています」という相談も多いですが，その場合も主要な状態像を把握し，「これからご一緒に考えていきましょう」というように話し，相談受付をすることになるでしょう。

　また，ひきこもり相談の場合，本人が相談申し込みをすること，相談窓口に訪れることは期待できません。特に長い年月のひきこもり本人は，容易なことでは相談に訪れません。大部分の相談は家族など関係者の相談の受付から始まります。相談機関によっては，「何とか本人を連れてきてください。本人の思いを聞くことが大切ですから」と家族に要請することがあります。確かに本人が相談に訪れるならば，状況が正確に把握できるでしょうし，何よりも本人の現在の状態を直接観察できるという有利さがあります。しかし，親や家族の立場に立てば，「本人が動かないので困っている。相談機関の話を出しただけで激怒することもある。とても話をすることができない」という状況にあることが多いものです。このことをよく理解し，「本人の相談への参加は，いずれ本人の了解が得られたときにしましょう。当面はご家族のお話を伺いながら相談を進めましょう。状況に応じて，可能であれば，相談窓口のチラシやパンフレットを渡してください。その場合も情報提供という

意味を持たせ，強く勧めることは避けた方がよいでしょう」というように説明し，家族の相談を受け付けます。家族相談を深めつつ，本人の登場を気長に待つ姿勢が必要です。

　以上のような相談の受付は，通常「相談受付申込表」や「インテーク・アセスメントシート」などに記録が残され，できるだけ早期に次の段階に進めるように相談担当者会議などに持ち込む必要があります。家族や本人が相談開始を急いでいるときは，とりあえず仮の相談担当者を決めて初回相談を早期に行うことも大切な取り組みとなります。

　なお危険レベルの高い家庭内暴力など緊急性のある場合は，「緊急支援用インテーク・アセスメントシート」などに記載し，自立相談支援機関においては主任相談支援員はじめその場に居合わせている相談員全員で緊急な協議を行い，保健所などの関係機関との協議や協力要請が必要になります。この場合，臨時の「支援調整会議」（『自立相談支援研修テキスト』[1] 参照）を開催することが有益でしょう。

第3節　アセスメント

　相談が開始された場合，すぐにアセスメントという段取りに入るよりは，まず，来談者の思いや現状，今特に困っていることなどに傾聴することが大切です。このようにして来談者の抱えている問題の大まかな全体像を知り，その時点で可能な助言をすることなどの対応をする必要があります。ただし，この助言は問題の解決を目的にするということではありません。今後，多様な支援を行っていくこと，必要に応じて，他の適切な支援施設との連携もすることなど，概して来談者の要望に多面的に対応していくことを理解してもらい，相談に来たことによって今後の展望が少しでも開けるような対応をすることが主たる目的となります。特に長期のひきこもり問題，中高年に至っているひきこもり問題は，支援にも時間がかかりがちですので，今後時間をかけて対応していくことを理解してもらうことも大切です。

　このような初期対応をしたうえでアセスメントに進むことになります。アセスメントにおいてはまずひきこもり本人の状態像やひきこもり本人を取り

巻く環境の状況を知る必要があります。ひきこもり本人の状態像を知るための情報は，日常生活，その人の人となりの形成，その人の環境，家族関係，心理学的・精神医学的理解，など多岐にわたります。アセスメントにおいては，それぞれの事例について，状態像を多面的に把握し，必要な支援との関係を考えることになります。この作業が後に支援の実践，支援の評価につながります[2]。

　図3-1を横に見ると「アセスメント」項目が列挙されています。「健康度」は，その人が保持している生活力や希望など可能性・復元力の部分が該当します。困難度は，過度な不安や対人関係の困難などその人の対人関係や社会生活を困難にしている部分が該当します。これらの諸要素をまとめ関連づけることによってアセスメントが成立します。アセスメントに基づいて，図3-1の縦に列挙した「多様な支援方法」（①〜⑤）の中から活用したい支援を選択します。複数の支援をセットで選択する場合もあります。

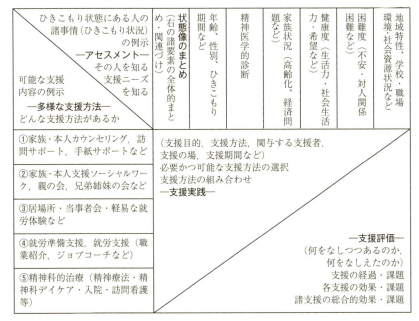

図3-1　ひきこもり状態にある人のアセスメントと多様な支援の関係（竹中作成）

アセスメントにおいては，特に，その人の持っている（隠されている）「健康度」（可能性・健康面・復元力・回復力）を探索することが大切です。困難面・病理面だけでなく，小さいことでもよいので健康面を知るように努めます。また，ひきこもりの精神医学的診断（背景）の類型を知るだけでは，福祉・教育・生活などの分野からの支援を描きにくいと思います。図 3-2[3) に示すように，それぞれの人は，背景にある精神疾患等のいかんにかかわらず，健康な部分と困難な部分をもっています。同じ診断・背景類型であっても健康度・困難度の状態は異なることが通常です。図 3-2 の A さんは，健康面が勝っています。しかし，B さんは，困難面が強く，濃密な支援・治療などが必要です。

それぞれの人の健康な部分を発見し，尊重し，育成し，伸ばす支援が必要です。また，それぞれの人の困難な部分に応じて，カウンセリング，精神科治療，精神科リハビリテーション（精神療法，デイケア，訪問看護，作業療法など含む），その他の複合的支援が必要になります。現在行われている支援の見直しも必要となります。なお，現在，健康や回復力を重視する多様な考え方が発展しています。健康心理学（健康の維持増進などを重視・支援する心理学），リカバリー（生活や人生を回復する潜在力を重視し支援する考え方），ストレングス（能力・自信など強さを発見し支持する考え方）などの視点では，特に，健康な部分（健康面・積極面）の活性化・育成，そのための環境改善を重視します。

これらのことを踏まえたアセスメント結果のまとめには，次の諸情報が含まれます。これらの情報が次の支援プラン作成の基礎資料となります。

① アセスメントの根拠となる状態像や環境の要点（図 3-1 参照）。
② 状態像のまとめ（多様な情報を関連づけその人の状態の要約を試みる。その人を知る）。
  特にその人の困難な部分と健康な部分を整理し，その人の支援ニーズを知る（図 3-2 参照）。
③ アセスメントの結果から必要と考えられる支援方法の整理・提案。

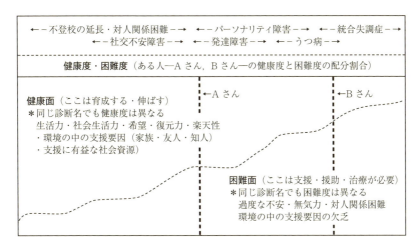

図3-2　ひきこもり状態にある人の診断・状態像の例示と健康度・困難度
（同じ診断・背景でも健康度・困難度の状態は異なる）（竹中作成）

第4節　支援プラン作成

はじめに

　ひきこもり支援において，支援プランの作成は独特の難しさがあります。はじめからひきこもり本人が自立相談支援窓口などを訪ねてくるのであれば，本人支援を開始し，本人の同意を得ながら支援プランを作成することができます。しかし，ひきこもり本人は，家族以外の他人と会いたくない，外出も最小限にしたいという人が多いのですから，支援においても，ひきこもり本人が支援関係を受け入れず，支援者は当分，本人の顔を見ることさえできないことが多いからです。当分の間家族支援（特に両親支援）を行い，かなり時間が経過した後になんとか本人への直接的支援ができるようになることが多いものです。したがって，本人が登場しない段階では，まず家族の同意を得て家族のひきこもり本人への対応のあり方を助言します。これは家族が本人を支える場合のより適切な対応内容を助言するという意味です。この助言などにより，かなりの期間が経過すると思われますが本人が支援に参

加するようになった場合は，本人の同意を得て本人を支援するプランを作成します。これが自立相談支援機関においては，ひきこもり本人への正式な支援プランということになります。支援プラン作成においては，図3-3 に例示するような支援段階モデルを参考にするとよいでしょう。なおこのモデルでは，支援者と家族が協力し合って本人支援を行うという考え方を重視しています。

I　ひきこもり支援の諸段階──支援段階モデルの例示──

　ひきこもり支援の段階は，家族やひきこもり本人の状態により多様ですが，大まかな共通項を整理することはできます。ここで一つの整理の仕方を例示します（図3-3）[2)]。図3-3 に示す支援段階について以下に簡潔に解説します。

（1）家族による支援の時期（支援前段階）：この期間（支援者が，支援を開始するまでの期間）を，できるだけ短縮することが望まれます。この時期が数年以上になると，支援者との出会いが難しくなる（支援を拒否する）傾向があります。

（2）支援者が家族を支援する時期（第1段階）：この時期は支援者が家族の支援を開始しますが，本人と接することは急ぎません。家族を通して本人の状況を理解します。なお，ひきこもり本人の存在はわかっているが，家族が支援を求めていない場合は，状況に応じて，家族へのアウトリーチ的な働きかけが必要になることもあります。

（3）家族・支援者が共同で支援に取り組む時期（第2段階）
　ひきこもり本人が家族を介在して，支援に関与するようになると，支援は徐々に軌道に乗りはじめますが，長い間ひきこもり状態にあった人の支援は，高い目標を掲げるのではなく，本人の状態をよく理解し，家族の意向も尊重しつつ，日常生活の過ごし方の改善などごく身近なところに目標を置く必要があります。このような支援目標を「ゆるやかな支援目標」と表現し，以下に例示します。
　① 極端な抵抗や不安なしに，家族との交流ができる。
　② 日常生活の中に小さくても楽しみを見つけることができる。ペッ

トを飼う，パソコン，新聞，テレビ，音楽を聴く，など多様な方向に少しでも楽しみを見つけることは大切である。こうした楽しみを発見できるよう支援する。

③　極端な抵抗や不安なしに，同居の家族以外の一人（できれば二人）と交流ができる。

④　極端な抵抗や不安なしに，友人（異性も含む）や知人と交流できる。

⑤　極端な抵抗や不安なしに，ある程度自由に地域社会との交流（買い物，公共機関の利用，居場所・当事者会への参加，趣味のグループへの参加，デイケアへの参加など）ができる。

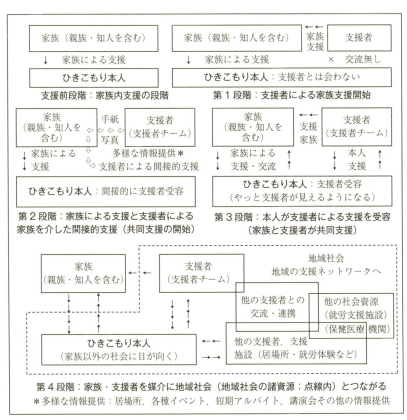

図 3-3　家族と支援者が協力して行うひきこもり支援（竹中作成）
―支援段階モデル（例示）―

⑥ 極端な抵抗や不安なしに，また，短期間であっても何らかの仕事（家事手伝い，家業手伝い，ボランティア，アルバイト）ができる。

⑦ 健康管理上・生活維持上必要な対応（入浴，着替え，自室掃除，散髪などを含む）をとる。医療機関，福祉機関などを訪れ，自己の状況を話し，可能な援助を求める。

（なお，ゆるやかな支援目標のどれかが部分的にでも達成できたときは，十分に評価し，ともに喜ぶことが大切である。このことが人生に意欲と希望を持つことにつながる。それから先はそのときになって考える。達成の順序は，人によって異なる）

(4) 徐々にひきこもり本人が家族や支援者を受け入れる時期（第3段階）: ある時期に，本人が登場して（来所面談，訪問面談などにより）直接支援に関わるようになると支援はやや軌道に乗り始めます。しかしこの期間がかなりの長い年月を要することもあります。

(5) 本人が家族と支援者の共同支援を受け入れ，家族・支援者を仲立ちに，地域社会へのつながりを広げ深めていく時期（第4段階）: この段階で，社会への道筋が見え始めます。しかし本人にとっては長い間隔たっていた社会との再接触は，強い緊張・不安が伴うものであり，ゆっくりと時間をかけて進める必要があります。

Ⅱ　支援プランのまとめ

　①支援前段階は長期化しないようにしたいのですが，支援関係の開始以前であるため，支援開始の判断は大幅に家族の意向に左右されることになります。ただし，多様な広報手段・市民講演会・その他の啓発活動などでひきこもりの理解を広げることが，支援を受けていない家族を少しでも早期に支援につなげるために有益です。これらの取り組みは，ひきこもりが長期化することを予防することにもつながります。

　②支援施設（窓口）における支援は，第1段階〜第4段階の各段階で行われます。ただし，ある支援施設（窓口）で，すべての段階に取り組むのではなく，ある段階から他の支援施設にバトンタッチをすることが多いでしょう。支援プラン作成においては，どこまでを当施設で担当し，どの時期から他の

支援施設に引き継いでいくかをあらかじめ予想し，家族の同意を得て，プラン作成に活かすことが求められます。第3段階あるいは第4段階に至った場合は，本人の同意を得て支援プランをまとめ直すことができるようになります。特に第4段階においては，ひきこもり本人の状況（支援可能性）に応じて，多様な社会資源を活用することが必要になります。そのため，地域の関係資源（居場所，中間的就労，保健医療機関など）の活用を視野に入れたプランを作成しておくことも必要になります。

　③地域で活用可能な支援資源について確認することも大切です。その地域に活用可能な資源が存在するか，また，アセスメントで必要性を示唆された支援が実際に提供可能なのかということの確認作業でもあります。

第5節　支援の実施

はじめに

　ひきこもり状態にある人の支援には「個別の諸事情を考慮した長期・総合支援方式」が必要です。そのために地域の「困難を抱える若者支援のネットワーク」を活用します。まず自立相談支援窓口などにおいて，地域の支援資源の全体像（図3-4）[2] を把握しておくことも大切です。そのうえで，相談支援員は，ひきこもり本人と家族の状態を把握し作成した支援プランを前提に相談支援を開始し，必要に応じて地域の支援資源を活用し，支援全体の進行状況を把握し，支援の進行管理（ケアマネジメント）を行います。その際，専門性や体験内容の異なる相談支援員がチーム（支援チーム）を形成することも有益です。なお，支援チームについては，自立相談支援機関内部のチーム（内部チーム）と関係機関の支援者とのチーム（機関連携チーム）の両方が必要になります。

I　相談支援員による支援

　自立相談支援機関が相談を受けた場合（通常家族からの相談），まずは，相談支援員の受理，複数の相談支援員の協議，などによって相談が開始され

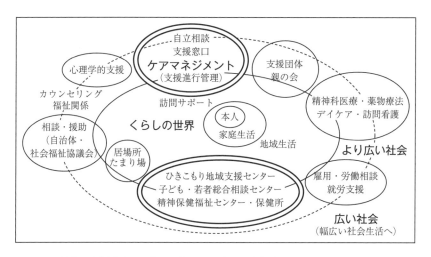

図 3-4　地域の支援資源はどこにあるか，どんな支援資源を活用するか (竹中作成)

ます。もし，家庭訪問などのアウトリーチが可能な場合は，家族および本人の同意を得て，訪問を実施します。しかし，現実には，当分の間家族支援が中心になり，徐々に本人への間接的支援・直接的支援に進むことになります。ひきこもりの支援内容は多面的でかつ長期を要することが多いので，支援プランに基づいて，以下のようにその地域で可能な多様な支援との連携を進めます。

Ⅱ　関係機関との協議および支援の依頼（リファー）・連携

　相談支援員は，適切な時期に関係機関・支援施設と協議し，支援を依頼したり共同支援を行います（図 3-4 参照）。その際，特にひきこもり支援に経験の深いひきこもり地域支援センター，子ども・若者総合相談センター，保健所，精神保健福祉センターなどとは早期に協議を持ち，今後の支援の分担などについて合意することが望ましいでしょう。

　また支援ネットワークを活用する場合，家族やひきこもり本人が「たらいまわしされた」という感情を持つことのないよう，適切な機関（および支援者）が支援全体の流れを把握し，家族やひきこもり本人に支援方針や支援の進行状況などを適切に説明し，必要に応じて相談し同意を得る必要があります（支援の進行管理）。この全体像を把握する機関（支援者）については，ネットワー

クを活用する場合も曖昧にならないように配慮する必要があります。そのためには，まず自立相談支援機関におけるケース検討会，関係自治体職員を含む「支援調整会議」などの活用が望まれます。こうして，ひきこもり本人を，本人の理解と同意を得ながら，「くらしの世界」から徐々に「より広い社会」に道案内することが支援の向かう道筋といえます。こうして「広い社会」での生活の基礎づくりを支援します。

Ⅲ　可能な支援内容全体に目配りする

先にもふれたように（図3-1，3-4），ひきこもりの支援内容・支援方法は多岐にわたります。

①　家族・本人カウンセリング，訪問サポート，手紙サポートなど
②　家族・本人支援ソーシャルワーク，家族会，兄弟姉妹の会など
③　居場所・当事者会・軽易な就労体験など
④　就労準備支援，就労支援（職業紹介，ジョブコーチなど）
⑤　精神科的治療（精神療法・精神科デイケア・入院・訪問看護など）
⑥　ライフプランを立て実施する支援（長期・年長のひきこもる人に対しては，親亡き後を視野にライフプランを立てたりそのプランを実施する支援が必要になることもある）

ひきこもり本人への支援段階に応じて，これらの支援を単独にあるいは複合的に取り入れていくことが必要になります。このような支援内容の進展（展開）についても，支援の進行管理を担当する相談支援員などが把握したり，調整する必要があります。進行管理担当者が連携先の支援者に移行（バトンタッチ）する場合も，家族やひきこもり本人にそのことをよく説明し，納得してもらうことが望ましいでしょう。

なお⑥に示したように，親亡き後を視野にライフプラン（経済・生活プランとも言える）を立てる必要が生じることもあります。しかし，ライフプランの作成にひきこもり本人の協力が得られない場合，家族の同意を確認しつつ，ライフプランの原案（家族への提案）をまとめることになります。本人の同意がない場合は，支援の可能性（ライフプランの有効性）がかなり制約を受けてしまいます。きょうだい・親戚など本人と接点を持ち得る人を探し

てライフプランの実施について協力を得ることも一つの方法です。もっとも，この人たちが，必ずしも時間的・経済的にゆとりのある人とは限らないことにも考慮が必要です。ライフプランの策定においては，「支援調整会議」などにはかるなどして広い視野から検討することも有効です。ただし，支援者側はライフプランの原案を作成しても，これは家族への提案としてまとめるのが適切です。ライフプランは家族の財産の使途など重要な問題が含まれており，最終的にライフプランを決めるかどうかは家族の意思によります。ライフプランについては今後一層の研究が必要です（ライフプランについては，内閣府，2011[4]；第5章，第6章参照）。

Ⅳ　支援経過の記録

　支援経過の記録は，相談受付段階の記録（相談受付の経緯，主訴，事例の全体状況，その時の支援者の見立て，当面必要と思われる対応内容など），支援開始後の家族との面接と本人との面接の経時的記録，ケース検討会などの記録，他機関との連携を開始した場合の連携意図あるいは実際の連携内容の記録などが必要になります（「支援経過記録シート」の活用）。長年のひきこもり本人や年齢の高いひきこもり本人（中高年）の場合，支援経過が長期に及ぶ場合も少なくないので，支援経過を一覧できる簡潔な支援経過表をつくっておくと後々，ある時期までの支援の全体像を振り返るときに有益です。他機関に支援を依頼（リファー）した場合も，一定期間ごとにその機関の支援内容のまとめと支援経過表の提供を受けるようにしておくと，モニタリングやプラン評価・再プラン・終結などの判断に活用できます。

第6節　モニタリング

　支援開始後，一定の期間をおいて支援の進行状況，家族やひきこもり本人の変化（停滞中断）の状況を把握する必要があります。モニタリングは，自立支援相談機関内部においてもその取り組みの一定の経過ごとに行う必要があります。さらに，関係機関と連携して支援に当たる場合は，関係機関を含めたモニタリング会議のような場の設定が必要になります。ただし，これら

の取り組みは，かなり時間や労力を要するので，効率的な運び方を検討する必要があります。現実には，ある時期のいくつかの支援事例を持ち寄って，モニタリング会議を行うことになるでしょう。事例によっては事例検討会と実質的に同じような内容となり個々の事例を深く検討する場合もあるし，適切な支援が行われていることの確認と支援継続の確認がなされることで目的を達成することもあるでしょう。

　モニタリングの内容は「支援経過記録シート」などに記載し，将来，各時期のモニタリング内容を一覧し，支援経過を総括し（プラン評価），支援内容を再検討あるいは修正する（再プラン）場合に活用します。モニタリングの中でも支援内容を微調整することがありますが，大きな調整は，次の再プランにゆだねられます。

第7節　プラン評価・再プラン・終結

　プラン評価は，ある事例に対応して作成された支援プランとその後に実施された支援の内容，支援プランに照らして家族やひきこもり本人の変化（支援の達成度）などを評価するものです。モニタリングが，支援の経過中に必要な節目に行う作業であるのに対して，プラン評価は，支援の達成度を明らかにし，終結の判断や再プランの必要性を判断するために行われます。したがってプラン評価は，支援プランで目標として立てられた支援期間の終了を前にして行われます。しかし，ひきこもり本人の支援においては，支援プラン通りには支援が進まず，終結まで持ち込むことに不安が残ることが多くあります。このような場合は，再プランを検討する必要性が生じます。

　また，プラン評価は，その事例の中心的支援者のみではなく，自立相談支援機関（窓口）の支援者が集まって行うことが望まれます。また，他機関との連携を進めた事例の場合は，他機関の支援者を含むプラン評価を行う必要があります。プラン評価を総括する場合あるいはプランを大きく見直す（再プラン）場合は，支援調整会議を開催する必要があります。

　さらにプラン評価においては，ひきこもり本人の支援経過を関係者が共有できる「物差し」によって評定する必要が生じます。そうでないと支援者そ

れぞれが思い描く物差しによって支援経過を見ることになり，評価が混乱する可能性があります。そこでひきこもり支援をする自立相談支援機関では，それぞれの支援機関の主対象となるひきこもり事例に対応する「支援過程の評定表」を作成・使用しているところがあります。以下に一つの例として紹介する「支援過程の評定表（試案）」[5] は，比較的長期かつ年長のひきこもる人（ひきこもり期間5年以上，支援開始時年齢30歳以上）を前提にした「支援過程の評定表」の試案（例示）です（表3-1）。この試案や他の試みを参考にしつつ，各支援機関にふさわしい「支援過程の評定表」を作成することが期待されます。

　終結は，相談支援機関の支援により，支援プランの中の重要なポイントが解決ないしは緩和したことを見極めて行う場合と，適切な他機関や施設に継続支援を要請し，その支援が軌道に乗ったときに判断する場合があります。ただし，支援の中断ということもあるので，できれば中断の事情を把握し，やむを得ない事情であれば，終結とします。その場合も，その事例を見守ることのできる立場の支援団体等に依頼して終結することが望まれます。また特に社会自立に不安定さが予想される事例については，終結後も，フォローし，新たな支援ニーズが生じていないかを把握することも必要です。

　ひきこもり事例の場合，終結の判断は，以下のような場合に行われるでしょう。

① 本人が何らかの形で安定的に社会復帰した場合（就労や就学，家業従事など）

② 本人が他の支援施設や支援の場（居場所など）に安定的につながったとき

③ 家族との関係が改善され，家族による支援が有効であると判断される場合

④ 本人は自立に至らなかったが家族の努力により長期的な生活のめどが立ったとき（ライフプランなど）

　上記の判断基準の③④は，ひきこもりという問題そのものは解決していないので，相談機関・相談員としては，迷いの残るところですが，その後のフォローアップなどを活用し，見守ることを条件に終結判断がなされることも少なくないでしょう。

表 3-1　『ひきこもり状態にある人の支援過程の評定表（試案）』（竹中作成）

評定時期（　　　）評定対象者（　　　）第（　）回目　評定者（　　　）

評定段階 （各段階 の特徴）		評定項目（判断項目） 注：①支援開始前・支援初期（1，2段階）は，働いていない，通学していない，少数の友人・知人としか交流しないなど「継続的ひきこもり状態」にあることが共通特徴。②1〜10の段階移行は，直線的に進むものではなく，行きつ戻りつすることが多い。	該当（程度の）評定 A：ほぼこの状態に該当する。 B：その状態に近いが，持続的ではない。 C：該当しない。不明。
1 家族拒否傾向	支援開始前・支援初期*	①家族との接点がほとんどない。 ②昼夜逆転や家庭内暴力・暴言などがある。 ③まれにしか外出しない（月に1回程度以下）。 ④家族以外の人との接点は皆無に近い。	①　A　B　C ②　A　B　C ③　A　B　C ④　A　B　C
2 家族と限定的接点		①家族との接点はあるが会話は乏しいか表面的。 ②限定的に外出，買い物などをする。 ③限定された人と部分的に交流する。 ④部分的にセルフケア（散髪，入浴，着替え，部屋の片付けなど）をする。	①　A　B　C ②　A　B　C ③　A　B　C ④　A　B　C
3 停滞期 （探索期・準備期） 半年〜数年		①全般的に1，2段階の状態との違いが見えない。 ②支援者が，まだ，本人と直接的・間接的な支援関係を形成できていない（親が本人と有効な支援関係を持ち得ていないことでもある）。 ③親と支援者の理解・協力関係はできつつある。 ④本人の状態像と家族関係などの理解はできつつある。	①　A　B　C ②　A　B　C ③　A　B　C ④　A　B　C
4 穏やかな態度へ		①日常，何とか穏やかに過ごすことができる。 ②家族と日常会話ができる。 ③偶然，近所の人に会えば挨拶をする。 ④支援者の伝言などが何とか伝わるようになった。	①　A　B　C ②　A　B　C ③　A　B　C ④　A　B　C

5 楽しみを見つけ活動する，散歩・外出をする	①何か楽しみを見つけて取り組んでいる。 　（楽しみの内容：　　　　　　　　　　　）	①	A B C	
	②近所を散歩する。買い物ができる。	②	A B C	
	③電話に出て用件を聞く。宅配を受け取る。	③	A B C	
	④訪問支援を受け容れる。訪問支援者と会話し，質問する，助言を求める，こともある。	④	A B C	
6 活動が地域に広がる，セルフケアができる	①少数であるが家族外の人と会い，話をする。	①	A B C	
	②地域社会の図書館に行ったり行事に出かける。	②	A B C	
	③医療機関に通院する。セルフケア(散髪，入浴，着替え，部屋の片付けなど) ができる。	③	A B C	
	④相談室で継続的にカウンセリングを受ける。居場所に継続して出て，仲間との会話もある。	④	A B C	
7 社会生活の準備へ・家事手伝いなど	①家事・家業を手伝うようになる。内職をする。	①	A B C	
	②ハローワークに行くなど将来に備えるために行動する。	②	A B C	
	③居場所などの仲間と交流し，一緒にイベント活動，ボランティア活動を行う。	③	A B C	
	④新聞やテレビ報道を見て家族と話題にする。	④	A B C	
8 断続的就労，他人と会話する	①断続的ないしは短期間，働くようになった。	①	A B C	
	②相談室では，就労体験についての話題が出る。	②	A B C	
	③地域の友人・知人とたまに連絡を取り，会うこともある。	③	A B C	
	④来客に応対する。短時間会話もできる。	④	A B C	
9 社会生活安定化，社会生活拡充へ進む	①やや長期間(1 カ月以上)働けるようになった。	①	A B C	
	②仕事先その他で，友人・知人ができ，時に交流する。	②	A B C	
	③親しい友人が，1，2 人できた。	③	A B C	
	④社会的活動分野を徐々に広げている（スポーツクラブ，趣味の会などに参加する，地域のイベント開催に協力する，同窓会に出る，など）。	④	A B C	

10 社会生活拡充・他者支援を含む活動へ	①親しい友人・知人と日常的に交流する。	①	A	B	C
	②数カ月以上継続的に働いている。あるいは，専門学校等に就学して，継続的に通学している。	②	A	B	C
	③家族や友人の相談に乗ったり，話題を選ばずに会話ができる。	③	A	B	C
	④必要に応じて地域の会合，親族の冠婚葬祭などの会合に出席し，自主的に応対や手伝いをする。	④	A	B	C
特例的段階（ライフプラン構築段階）＊親の高齢化・親亡き後に対応	①生活保護など福祉制度活用などのために行政窓口で相談・申請する（支援者に同行する）。	①	A	B	C
	②ライフプラン，サバイバルプランについて関心を持ち，親と話し合うなど，活用の準備をする（準備に協力する）。	②	A	B	C
	③最小限のセルフケアができる（衣食住生活，入浴，散髪，病気の時の通院など）。	③	A	B	C
	④日常生活上の困り事があるときに連絡し相談できる人が一人はいる。	④	A	B	C

評定時の本人や家族の状況（自由記載欄）

（＊支援開始前：支援開始前のおよそ半年。支援初期：支援開始後のおよそ3カ月以内）
　段階評定においては，Aが3/4以上であればその段階を達成したとする。なお各段階で，B評定が2つ以上ある場合は，A評定1つに換算する。

文献

1）自立相談支援事業従事者養成研修テキスト編集委員会編（2014）生活困窮者自立支援法自立相談支援事業従事者養成研修テキスト．中央法規出版．
2）竹中哲夫（2014）長期・年長ひきこもりと若者支援地域ネットワーク．かもがわ出版．
3）竹中哲夫（2010）ひきこもり支援論．明石書店．
4）内閣府（2011）ひきこもり支援者読本．内閣府子ども若者・子育て施策総合推進室．
5）竹中哲夫（2015）ひきこもり支援における「支援方法論」と支援の「効果・成果」に関する考察．福祉研究，108 ; 9-25.

第4章　ひきこもりへの支援において重要となる技法

鈴木美登里・齋藤ユリ・池上正樹・竹中哲夫・
船越明子・丸山康彦・田中　敦・中垣内正和

> キーワード：訪問は関係性づくり，健康な部分・困難な部分，支援段階モデル，
> 家族と支援者の共同支援，外に向かう窓口，一期一会の出会い，
> 関わる入り口のない人，人が育っていく緩慢な過程，家族支援，居場所，
> ひきこもりコミュニティ，居場所探し，ピア・サポート，経験的知識，
> リカバリー，アウトリーチ，精神療法，薬物療法，集団療法

第1節　家庭訪問

I　家庭訪問の意味

　家庭訪問は，ひきこもり問題専門の支援者であっても難しい支援手法です。その家庭訪問を有効な支援として使っていくためには，ひきこもり理解とさまざまな実際的な注意が必要となります。訪問自体は支援の中心とはなりません。さらなる社会との出会いへつなぐための支援の一つです。しかし，本人や家族の状況を総合的に判断するために（家族の機能不全などが考えられる場合）訪問するほかにも，緊急対応（自傷他害の危険性），医療との連携（精神科受診の必要性）なども訪問の対象となります。

　訪問に意味があるとしたら，それは信頼できる他者との出会いといえるでしょう。信頼関係がなければ，次への展開はありません。相談員は，「あなたの思いを聴き，家族の方々と共に，あなたのこれからのことを一緒に考える」人として訪問します。ひきこもり支援の実践者の訪問支援の場合は，世間話などもしたり，興味のあること（ゲームの話など）をおしゃべりしたり

します。思いを伝えてくれるまでに，さまざまなやりとりが必要なときもあります。ケースによっては，「本当に自分はどうすればいいのか悩んでいた」と，すぐに本題に入りたいとする人もいますが，初めての訪問で深いところまで話してしまうと，次には会ってくれない，訪問を拒否する場合もあります。何気ない話をして，相談員が自己紹介をして帰った場合でも，また会いたいという場合もあります。こちらが意図する流れはあくまでも想定であって，想定外も往々にしてあります。

　訪問者は，本人に合わせて人数や性別，年齢などのマッチングを考えます。必ずしも同性が良いとは限らず，本人の年齢と同世代や少し上の人，本人の趣味の話に十分に付き合える人，ひきこもった体験を持つ人，専門性を持った人（心理の専門，就労の専門など）が良い場合もあります。

　また訪問の意味づけを，支援の活動の説明とすることもあります。「あなたに合った支援を私たちは一緒に考えます」というメッセージを送ることで，本人は支援者の考えを押し付けられるのではないかという不安対応もします。

Ⅱ　家庭訪問においての本人の了解

　おおよその場合，訪問を即断で受け入れる本人はいないといえるでしょう。また，そんな本人のことを理解している家族であれば，「訪問を希望はしたいが本人の了解がなければ，それは難しい」と，訪問については本人の了解のうえでという原則を持っています。訪問する側が，ひきこもり状態への理解が深ければ，まずは相談から始めて訪問は慎重にという考えを持っています。

　ひきこもり本人は，訪問についての意見を持ち，おおよそ否定的ですが，自分のことを尊重してくれている家族とよく連携をして，侵入しないという原則に沿ったいくつかのアプローチまでも否定することではありません。

　直接本人に会うことを前提とせず，本人との距離をはかることのできる手法として，家族との面談や手紙やニュースレター，メールなどがあります。家族と別居の場合は，安否確認や食料支援などの間接的な関わりにおいて，手紙などで前もって事情説明をしてから行うなどのアプローチもあります。

　会うことがかなわない本人との信頼関係の構築は，長く根気のいる支援

で，期間を定めず何らかの反応があるまでは待ち続けると，本音の反応が現れるケースもあります。その背景には，家族にはその本音を知られたくない，家族が依頼した支援者は信用できないなどの本人の事情がある場合があります。誠意をもっての安否確認を続けることで，いつか本人が困っていることを誰かに理解されたい，困っていることを家族以外の誰かと話して解決したいという要求が起きたときに，本人が訪問支援者を相談の窓口として選択する可能性が生まれます。

Ⅲ　訪問の準備と計画

　訪問の前に十分な生育歴など具体的な情報を集め，侵入性や侵襲性の高い話題（例として学校の話題や就労に関する話題），低い話題（趣味やペットの話などの日常的な話題）について確認をする必要があります。家族は子どもの問題に対して客観的になることはありません。家族であるという主観で本人の状態を語ります。状態像をつかみながらも，本人に会うまではあくまでも家族の主観としての本人像だということを忘れてはいけません。アセスメントは，支援を開始してからも，繰り返し行います。なぜならば本人支援の中で新たに気づくことが多く，その気づきからプランの再策定をする必要もあるからです。

　訪問の前後は家族も不安感を抱きやすいため，家族支援（家族相談・家族会）を中心におきつつ，不安に十分に対応します。

　訪問の前に行うことは，訪問に向けた手紙（自己紹介や事業所の利用説明，本人にとってどんな役割を担えるか）を出し，どんな反応をしたかを家族と相談員で検討します。好意的に捉えているのか，無視しているのか，拒否しているのか，などです。

　家庭訪問の実際の場面に向けて，家族と決めておくこととして，以下のようなことなどがあります。
　①　初回の訪問の日程。
　②　初回の訪問は5分から10分程度で終えること。
　③　初回の訪問の面談の場所は，玄関または居間までで，本人の居室へは

　　　立ち入らない。
④　本人の居室のドアをノックすることは決してしない。
⑤　本人が面談を断った場合，その場で帰る。
⑥　会えずに帰るときには手紙を書いて，本人に渡してもらうように家族
　　　にお願いする。

　初回の訪問のときに会えなかった場合，家族が本人と訪問についてどのように　とらえているかを見直します。訪問は友達として行くわけではなく，心理支援をしに行くわけでもなく，「困っていることに対して何かできることがあれば」というスタンスで，もう一度，本人と本音で話すチャンスとして行います。また，本人と訪問した相談員とのミスマッチも考えられますし，本人は「ひきこもりではない」と思っているかもしれません。

　訪問を続けるかどうか，今後の訪問をどのように進めるかについては，あらためてアセスメントを繰り返しながら再度計画を立てます。本人の状況を家族も支援者も見誤っている場合もありますし，本人の社会参加への希望が早急だったりする場合もあります。振り返る中で，次へのアプローチが見えてきます。

Ⅳ　訪問後のつなぎ先を視野に入れる

　本人支援については柔軟な考え方が求められます。訪問は訪問で完結することはありません。訪問後のつなぎ先も視野に入れ，必要ならばさまざまな連携先への受け入れ願いなどの準備をします。本人の動きが想像以上に早い場合もあり，初回の訪問ですぐに就労の相談があり，次への段階を現実的に提示する必要があるケース（第6章　ひきこもりへの就労支援を参照）も少なくありません。

　家庭訪問は，本人にとって社会との出会いという意味があります。いままで拒んでいた社会との接点，入り口となります。訪問した相談員との出会いは社会との出会いです。たとえば，鳥が卵の殻を破って最初に出会ったものを「親」と認識するように，出会った人を「社会」と認識します。ひきこもっていた人にインタビューすると，ほとんどの人は「訪問は嫌だ」と答えるで

しょう。しかし，出会いがなければひきこもったままだったとも答えるでしょう。では，誰といつ，どこで，ひきこもり本人は出会うことができるのでしょうか。

　家庭訪問は，まずは会って「何か困っていることがあれば一緒に考えたい」というメッセージを伝えるために行います。心理的な問題解決などが必要ならば，医療や心理の専門家へつなぎます。仕事を考えているならば就労準備支援について説明をします。社会参加を望んでいる人には居場所を一緒に探し，ボランティア活動を希望している人には地域の団体へつなぎます。

V　訪問をいつ終えるか

　「訪問」が良い出会いであった場合，話が弾み，互いが共通した認識を持ちます。それは，嫌ではないという基本的な安心と安全と互いの理解です。日常的な話や，趣味の話，これまでの自分の話などをするようになると，次の段階へ進みます。それは，居場所，中間的就労，就労といった社会参加への次なるステップを進むことです。

　訪問の終了の見極めは，次の段階への定着の度合いで考えます。居場所に定着したことで訪問を終了したとしても，定期的に面談をして「あなたのことを気にかけています，いまはどんな状況ですか」という働きかけが更なる自立への道筋となります。

　居場所の次が就労だとしても，就労と居場所を行き来する人もいますし，訪問を再度行う場合もあるかもしれません。まずは受け止めて，あせらず，こちらからは押さない。ひきこもり本人が，自分のこれからの道筋について自己決定していくことを支援する，見守り続けるという立場が家族ではない，支援者としての立場になります。その立場でなく訪問をしますと強引な訪問となりがちです。出てくるための訪問となってしまい，家族の思いを代行する人となってしまいます。

　一口に自立と言っても，一人暮らしを先にして，資格の取得など本人の希望することが明確になっていない場合は，まずは待つ姿勢で本人が内面の充実を得て動き出す時期を探ることが，急がば回れで，その後の流れがスムーズに進むこともあります。

　会えないままで訪問を長期続けていくと，家族は訪問の効果が現れないことへの失望と不安とこのままどうなるのかと思うことも考えられます。まったく会えない，完全に拒否している，そんな人も長期のひきこもり本人のケースではあります。そんなときは，もう一度家族の話をよく聞き，本人にとっての支援は何かを謙虚に考え，前に触れたように，家族の安全性が低くなっていった場合，機能低下がみられる場合，精神保健福祉の観点からの訪問にバトンタッチすることも必要かもしれません。場合によっては他の機関との訪問支援の連携を考える必要があります。

Ⅵ　ひきこもり相談の場合，相談支援の本人を誰にするか

　生活困窮者自立支援法においてのひきこもり支援は，困っているのは誰なのかというところから始まります。つまり，困っている人，すなわち支援の対象者，相談支援の利用者ということになります。

　以下は利用者が誰なのかでどのような受付をしていくかを並べました。

- ・子どもがひきこもっていて困っている家族を，「ひきこもり本人」との（続き柄）からみた「父または母」，つまり家族の立場からの相談として受け付ける。
- ・家族である父や母が，ひきこもっている子どもといることによるさまざまな困りごとがある場合，「家族」を「相談支援の利用者」として相談を受け付ける。
- ・たとえ家族から相談があっても，ひきこもっている人を「相談支援の利用者」とすると，本人の同意が必要となる相談支援の検討・実施や継続した自立相談やプランの策定が難しいでしょう。
- ・家族を「相談支援の利用者」とすると，今現在困っている（困窮している）と捉える視点は一般的に持ちにくいでしょう。なぜならば，家庭内暴力や経済的困窮，健康の問題などの複数の困りごとがない場合，対応の緊急性を低く捉えてしまうからです。

　家族の「困り感」を相談員が理解し，家族を支援し，家族の「困っている」

をどのように困窮と位置付けるかは相談員自身が「ひきこもり」という問題をどのように理解しているかによります。

　ひきこもり本人は何に困窮しているのか。全人格における困窮，地域社会との断絶，経済的な損失，時間の損失などについて，本人は声をあげることはありません。一人の人間として幸福になる権利があることを，学ぶ権利が働く権利があることを保障するために，家族という代理人を通しての相談を受け付けるほかはありません。

第2節　ひきこもりにおける電話相談

　電話相談は「①即時性・即応性，②時間・場所の制約を受けない，③匿名性，④経済性，⑤コーラー（電話のかけ手）の優位性，⑦親密性」[1] という特質を持っています。相談者がいつでも自分のプライバシーが守られた中で，安価に自分主体の相談ができるという点において電話相談はひきこもり本人や家族がまず外に向けて相談する窓口として利用しやすいでしょう。それぞれの機関の持つ役割や性格，支援者の体制や時間的枠組みにより電話相談の機能はさまざまですが，電話相談の目的には「①危機的状況にあって，孤独や不安な気持ちに対し，支えを得てまったくの一人ではないという，とりあえずの安堵感を得ること，②カウンセリング。心理的緊張や不安を和らげ，気持ちを整理する。当面の生きる希望や方向を得る。③情報提供，社会資源の提供，つまりコンサルテーション」[2] があります。一期一会の出会いの中でコーラーが終了時に「相談してよかった」「ほっとした」「また相談してみよう」と何らかの満足を得てもらうには以下の点に留意する必要があります。

I　相談者を人として尊重する

　電話相談に至るまでの本人や家族の逡巡や苦難，さらには「人に相談する事への痛み」[3] に思いをはせつつ，まずは電話をかけてくれたことに感謝します。

Ⅱ　相談者のニーズを知り（アセスメント），各機関の役割を伝える

　相談者の話を傾聴しつつ，口調や話し方，話の内容から，相談者の生活環境，家庭環境，社会的背景，地域特性等の背景的要因を考慮して，生活する人として相談者の全体像を思い描き，相談者が今どのような状況にあるのか何を求めて電話をかけてきたのかを考えていきます。自殺念慮や自殺企図，暴力等危機介入が必要か否か，統合失調症やうつ病，発達障害などのため医療や他機関へのリファーが必要か，生活の困難や困窮といった福祉的な支援が必要な状態か……，限られた時間の中で見立て（アセスメント）を行い，傾聴共感，現在していることやこれまでしてきたことへの支持，情報提供，さまざまな相談機関へのリファー等，バランスを考えてこの通話での着地点を意識しながら応対していくことが求められます。その際，自分の機関のできること，できないこと（継続相談の可否，時間の制限，電話相談のみの対応か否か）を明確に相談者に伝えることも必要です。また，危機介入の場合は後に述べるような現実的な対応が必要となります。

　アセスメントの際は相談者の健康的な側面や潜在的な可能性に目を向けて，今できていることを支持すること，日常楽しみにしていることやほっとできる時間や場所，人について尋ねることが，本人が日常を少しでも過ごしやすくなることにつながるヒントになります。

Ⅲ　電話相談の注意点

　電話相談はその特質から「①治療構造があいまい，②疑似親密性（心理的距離が縮まったと思いやすいが本当に親密な人間関係が形成されている訳ではない），③電話依存・作話などの発生，④相談員のケアが必要になる場合もある」[1]といったマイナス面があることにも留意します。特にひきこもり本人や家族の場合これまでの思いが一気にあふれ出るように語られ，話が混乱してしまう場合があります。相談者の思いや不安等を傾聴しつつ，相談者が何をどのようにしていきたいのか，相談テーマが沢山ある場合はそのうちの１つか２つに焦点を絞って話をしてもらうことも必要です。最初に「30分をめどにお話を伺います」と時間枠を示すことで，コーラーは見通しを持

ち話すことができるようになります。長く話すことで相談者が心の内を話しすぎてしまい，電話を終えた後に後悔や傷つきを覚えたり，依存的になる場合もあるので長くても1時間以内に収めた方がよいでしょう。また，人との関係の距離の持ち方が難しい方（境界性パーソナリティ障害の方など）の場合は「前回は1時間話を聞いてくれたのに，今回は30分のみ。私は見捨てられた」といった見捨てられ感から，支援者や相談機関への怒りやリストカットなど極端な行動化につながることもあるので注意が必要です。

Ⅳ　継続した相談が必要な場合

　電話相談は1回限りの場合も多いですが，ひきこもりの相談の場合，時には継続して電話をかけてくることもあります（後述するように強い自殺念慮や自殺企図等，危機介入を要する場合はこちらから相談者に再度かけてもらうよう依頼する場合もあります）。特にひきこもり本人からの相談の場合は面接や他機関につながるまでに時間がかかり，その間電話相談が外部の世界との唯一の窓口となっている場合もあるからです。このようなケースの場合は支援者同士が情報を共有しつつ複数の支援者で対応を継続させたり，機関によっては特定の支援者が対応するような体制を検討するなど，相談機関全体での体制を工夫していくことも大切です。以下は，その事例です。

事例　20代男性

　　大学在学時から学生相談室を利用。卒業後は就職せずカウンセリングに通う。カウンセリング時の傷つきとカウンセラーへの怒りを訴え，電話相談に電話。半年ほどの相談継続の後，週3日半日のアルバイトを始め，就労に向かった。この間，本人の怒り，傷つきや迷いを複数の支援者が共有し，傾聴共感，今の本人の気持ちと行動を支持した。本人は「ここでは，いろいろな人がきちんと私の話を聞いてくれて大きな支えとなっている」と。

V 家族からの相談の場合

　家族からの相談の場合は，家族がまず適切な専門の相談機関につながるように支援していくことが大切です。これまでの家族の努力や苦労を労いつつ，電話をかけてきたことに感謝し，家族が外の機関とつながることで，新たな視点やゆとりが生まれ，本人との関係や本人の様子が変化する可能性があること，電話相談でその一歩を踏み出したことを伝え，今後について共に考えていくという姿勢が求められます。

VI 関連機関へのリファー

　ひきこもり本人や家族の状態によっては，他機関へリファーする必要が生じることもあります。必要な情報を収集し活用できるようにしておくことが重要です。他機関にリファーする際は，本人や家族の意向を考慮することは言うまでもないですが，単なる情報提供に終わらないよう，「本人が希望し自ら動き出すことが大切」であることを伝え，「問題が生じた場合はまた電話でご相談ください」と一言添えるよう心がけましょう。

VII 危機介入について

　「もう，死ぬしかない」といった自殺念慮や自殺企図が強い場合も，支援者が「死にたいほどつらい気持ち」を傾聴しているうちにしだいに落ち着いてくるでしょう。しかし時には落ち着きに至らない場合もあり，その場合は時間枠にとらわれず話を聴く必要も生じます。「死にたい」という自殺衝動がおさまるまで（数日から1週間）相談者を支えるために，「明日またお電話ください。担当は変わりますがお待ちしています」といった約束をし，支援者で情報を共有し対応することで相談者がしだいに落ち着きをとりもどすことも多く見られます。その際，電話がつながらない場合の対応方法（いのちの電話やよりそいホットライン等の紹介，呼吸法やその他本人の助けとなること）を共に考えることも大切です。また，「薬を大量に飲んでしまった」「手首を切った」といった状況のときは「救急車を呼ぶので，お名前・ご住所を教えていただけますか」と尋ねて，最寄りの消防署（救急車）や警察へ通報

するといった現実即応的対応が必要となります。家族に対する暴力が生じている場合も，その緊急度をアセスメントしつつ，①被害を受けている家族の緊急避難，②警察による介入，③精神保健福祉法による入院，④本人が心許している近親者の説得，⑤保健所・保健センターの保健師などの訪問等について家族に説明し共に考え，緊急時に適切な対応ができるよう，緊急避難先の確保や警察，保健所，精神保健福祉センターへの相談について家族が対応できるよう，援助することが必要となります。

　最後に支援者のあり方について，相談を受ける中で迷いや困難を覚える相談もありスーパーバイズや相談員同士の検討会，研修会で研鑽を重ねていくこともよりよい相談のために必要不可欠です。支援者が「一回性の出会い，相談に謙虚にのぞむことが，電話相談の受け手の成長にもつながる」[2]という，共に成長する姿勢を忘れずにいたいものです。

◆コラム4　電話相談あれこれ！

増渕由子

　電話相談には，対人恐怖症等で外出不可能な人も安心して相談できるというメリットがありますが，相談者の顔や表情を読み取れない分，細かい判断ができにくいというデメリットもあります。しかし私たちは，ひと言も聴き洩らすまいと受話器を耳にあてて，電話が鳴るのを待っています。たくさんの相談事例の中から，2件紹介しましょう。

　なおこの事例はプライバシー保護のため，実際の事例を参考に，細部や設定を変更，再編集しました。特定のケースとは無関係であることをお断りします。

事例1　80代前半の父親からの入電

　現在年金暮らし，妻は2年前に亡くなり，一人で50歳になる息子の面倒を見ている。

息子は高校２年の２学期からひきこもり，現在に至る。自分は幸い今は何とか暮らしているが，この先どうなるかわからない。息子は一人っ子で，頼れる親戚もいない。自分が死んだら息子はどうやって生きていくのだろう。それを思うと心配で心配で夜も眠れないし，死んでも死にきれない。

対応

心の底から絞り出すような父親の言葉に胸が痛い。

まずは，父親の長年の苦労を労い，息子さんの現在の様子を聞かせてもらいながら，公的機関，たとえば居住地域の市役所・区役所の福祉課の窓口や，所管轄の保健所，または精神福祉センターの窓口に，現在の息子さんとご自身の状況を話し，支援を求めるよう勧めた（とにかく常にいずれかの公的機関につながってもらう）。

現在は生活困窮者自立相談支援等も始まったので，その説明もしつつ日常的に孤立しないように，何かあったら相談にのるので，どんなことでもとりあえず電話をくれるように話す。

事例２　ある地方都市の40代の母親からの入電

高１の次男は兄と同じ高校を受験したが残念ながら合格せず，仕方なく滑り止めの学校に行き始めたが，５月の連休後から不登校になり，次第に口数が少なくなり，自室にこもり昼夜逆転の生活が始まり１年が過ぎた。最近は母親と顔を合わせると「死にて〜……死にて〜……生きていてもしかたね〜」とつぶやく。

ねえ相談員さん，息子は死にませんよね……大丈夫ですよね……涙声。

対応

母親のつらい気持ちを受け止め，これまでの彼の生育歴を確認する。優秀でおとなしくて，誰からも褒められる兄，体が弱く入退院を繰り返していた妹，その間に挟まれて存在感の薄かった彼の寂しかったであろう気持ちを（病弱な子どもを持つ母親の苦労を労いつつ）理解してあげて欲しいと話す。

子どもが「死にたい」と口にするときは，「死にたいほどつらいんだ」というSOSのあらわれで，「多分，大丈夫とは思いますけれど……」確率は低いけれど，だからといって，息子さんが絶対に死なないという保証はないことなどを話して，ただただ，

ゆっくりじっくり彼に寄り添い話を聴いてあげて欲しいこと，何かあったら，また電話をくれるように話す。

　その後母親からの入電はなかったが，10 カ月が過ぎた頃，突然元気な声で電話してきた。

　「もし，息子が本当に死にたいのなら，残りの人生をせめて 1 日でもいいから楽しい思い出を残してやりたい！」とそう思ったそうだ。1 日でも良いから……と。

　それからの母親は，彼のすべてを受容し明るく接してきたという。

　何カ月か経ったある日，突然彼はコンビニエンスストアでアルバイトを始め，初給料でなんと，母親の大好きなメロンパンを 1 つ「これ……」と恥ずかしそうに，手渡してくれたそうだ。

　母親は言う，「息子がひきこもらなければ，死にたいと言わなければ，息子の心に気づくことはなかったし，自分を振り返ることもなかった。相談員さんが「大丈夫とは言えない」といってくれたことで，心が決まりました。死に者狂いで息子に向き合うことができました。息子は私の宝です。相談員さんありがとう……」。

　私はこう答えた「とんでもない！　お礼は息子さんに！　でしょ？」

　そして私は息子さんに代わって「お母さんありがとう！！」と。

第 3 節　インターネットを使った相談

　インターネットは，家族以外との（場合によっては家族ともまったく会話できていない人たちも含めて）社会的な関係性が遮断され，人と会うのが苦手なタイプの人たちにとって，ストレスを感じることなく気軽にコミュニケーションできる有効なツールになります。

　外側からは姿が見えず，ふだん面会できない人とやりとりするためのアウトリーチの手段としても活用できます。ただ，ひきこもり状態にある人たちの中には，経済的な事情からパソコンを持っていない人も多いため，主には携帯やスマホを使って，メールや LINE，SNS の Facebook や Twitter など

のメッセージでやりとりすることになるのが実情です。

　もちろん，通信料金が支払えないなどの理由で携帯さえ持てなかったり，そもそもインターネットを使っていなかったりする人もいます。また，活字だけのやりとりになるため，ちょっとした言葉づかいで冷たい印象を与えて妄想を抱かせたり，傷つけられたり，不特定多数から中傷されたりすることも少なくありません。特に見知らぬ相手とのやりとりには，本人の前向きな気持ちを損ねないような丁寧な表現や，相手との距離の取り方などにも，十分に注意する必要があります。

　しかし，ひきこもるということは，この世の中に絶望を感じながらも，どこかにかすかな期待を抱いて，生き残るという道を選択した人たちです。そんな本人たちが再び，自らの意思で動きだそうと思ったとき，インターネットは必要な情報を収集するうえでも唯一といっていい社会との窓口であり，周囲の人たちとのメールのやりとりは，立ち直るきっかけをつかむうえで“希望”にもなり得ます。

　ダイヤモンド社のネットメディア「ダイヤモンド・オンライン」上の『「引きこもり」するオトナたち』という筆者の連載記事（隔週木曜日）は，2009年にスタートして以来，すでに9年以上（2019年1月現在）に上る人気コラムになっていて，全国の「ひきこもり」界隈の関係者に広く読まれています。ある時，連載の文末に読者専用のアドレスを設けたところ，毎日，読者からメールが寄せられてくるようになりました。

　しかも，寄せられてくるメールの大半は，ひきこもり状態にある本人や経験者，社会に関わっているものの，「自分もいつひきこもりになるかわからない」と危惧を抱く親和群の人たちからのものです。記事の内容によっては，更新されると1日に20人以上からメールが届くこともあります。その内容は，記事に対する感想にとどまらず，自分自身の体験に基づく誰にも明かせなかった思いや気持ちを綴ったものも少なくありません。

　メールの内容は大体のところ，「どこにも行き場がない」「周囲の視線が気になって，人目を避けてしまう」「何もない自分を表現できない」「将来が見えない」という4つの訴えに集約されます。

　「生きていても社会に迷惑がかかるだけ……」「死にたい」などと差し迫っ

た現状を訴えてくる人たちもいます。メールは比較的，ふだん深海に身を潜めて姿の見えない本人たちとつながることができるし，人前に出るのが難しい本人たちにとっても，これまで封じ込めてきた思いや気持ちを赤裸々に伝えやすく，仲間たちとのつながり動き出すためのきっかけにもなりやすいメリットがあるように思えます。

　メールを出してくれるということは，過去に学校や社会で傷つけられ，さまざまな理由から社会で生きることを諦めてしまった人たちが，再び社会との関係性をつくろうとして，ワンチャンスとの思いで勇気を出して必死に動き出そうとしている証しでもあります。周囲は，本人たちが声を上げ，前向きに動き出そうとしている，このタイミングを見逃すべきではありません。

　このような訴えをメール上で知ったとき，支援者であろうが，行政の職員であろうが，専門家であろうが，ジャーナリストであろうが，自分の目的が何であるのかを超えて，一人の人間として相手に向き合い，一人の人間として客観的に判断した上で，場合によっては，そっと手を差し伸べることができるのかどうかが問われているように思えます。

　たとえば，典型的なのは，こんな感じです。長年ひきこもってきた女性からのメールで，本人の了解を得ているので紹介します。

　　　〈メールを送るのも怖くて，ずいぶん悩みました。でも，今の私には，誰とのつながりもありません。どうしたらひきこもりから抜け出せるのか，きっかけが欲しいと思い，勇気を出してメールをすることにしました。人間関係が苦手で，孤立しています。何とかしなければと思うのですが，どうしたらよいのかわからないのです。〉

　本人たちにとって，メールの一言一言は，見えない不安の中で一生懸命に何度も文面を見直し，躊躇しながらも踏み出してみた希望への入り口です。

　そこまでして文面を送ってはみたものの，受け取る相手がどんな人なのか，恐々と様子を伺っています。だから第一印象では，まず「大丈夫」という安心感を持ってもらうことが重要です。

　当たり前のことかもしれませんが，まず，メールを送ってくださった"勇

気"に「ありがとう」という感謝の思いを伝えることにしています。

〈今後のこと，親御さんのことを気遣い，ひきこもりから立ち直りたいと前向きな気持ちになられたのですね。〉

〈上手く伝えようとされなくても大丈夫ですので，これからどのようなことをしていきたいか，イメージみたいなものでも教えていただければと思います。〉

まったく返事が返ってこないこともあります。ただ，このようにおおむね「これから，どういうことを望まれているのですか？」などと聞いていくうちに，やりとりが継続して，そのまま社会につながることも少なくありません。

メールの目的は，本人が潜在的に目指したいと思っているイメージを一緒に明確にしていくことにあります。「支援者です」という感じで，大上段に「支援する」ことはしません。自らの意思で動き出した本人の意向を聞き，そっと後押しすることに徹することが肝要です。

〈「このままではいけないけれど，どうしたらよいかわからない」。それが私の今の正直な気持ちです。経済的にも親に頼っている状況で，今後の事を考えたら，なんとか引きこもりから立ち直りたいです。〉

これまで関係性の閉ざされた世界にいた人たちは，メールでやりとりしていくと，「社会につながりたい」「親元から自立したい」「仕事をしたい」けれど，「どうしたらいいのかわからない」といった現状からの脱却やそのノウハウを求めていることが多いです。

〈誰に助けを求めればいいのか。
そもそも助けを求めていいのかすら，わからない。
声を出したいのに，ほんの小さな勇気すらわかなくなる。〉

　このメールは，地方に住む別の本人からのものです。彼は，生活に困窮する実家から，都会での自立を夢見て，そんな思いをメールで明かしてくれました。本人や家族が直面する課題は，先行きの見えない「貧困問題」にも直結しています。

　それでも，匿名性が秘匿され，人目に触れて緊張することの少ないネットを通して，今の自分の状況を何とか打開したいという前向きな印象を全般的に受けます。

　会うことのできない本人たちの中には「会うのが苦手」という人は少なくありません。しかし，お互いが無理しない程度でやりとりするメールでなら，つながることはできます。「会わずに文字のみのコミュニケーション」ならストレスを感じることなくやりとりできることを，ひきこもっている本人たちが端的に教えてくれます。

　メールでのやりとりは，適当に間隔を空けながら，短いセンテンスでやりとりを続けていったほうが，お互いに疲れることもなく，やりとりが継続していきやすいのも特徴です。短いやりとりについて，〈ひきこもりとの接し方をとてもよくわかっていらっしゃる〉と，後にお返事をいただいたこともあります。

　NHK ドラマ『サイレント・プア』のモデルにもなった大阪府豊中市社会福祉協議会の勝部麗子地域福祉課長は，ネットでの相談の際に心がける点について，筆者のインタビューで，こう言っていました。

　　「言葉は難しい。相手にプレッシャーかける言葉は NG。相手の書いてきたことを極力ホメることです。きれいな字で綴ってますねとか。私に対していつも配慮のある言葉をかけてくれるから，思いやりのある人なんですねとか。あじさいの好きな子なら，あじさいの絵や写真を見つけて送るとともに“今度は一緒に歩いてみたいですね”という文面を添えるとか。ずっと忘れていない。気にしてる人がずっといるよ。自分には家族以外にも社会に接点があるというメッセージですね。あまり頻繁に返信すると，お互いに疲れるから，2カ月に1回くらいのペースで“返

　　事は書けるときでいいから"と，返事を書くことにプレッシャーをかけ
　　ないよう気を付けています」

　あまり濃密にやりとりしてしまうと，お互いに疲れてしまって，煮詰まっ
てしまうこともあるため，適度な距離をとるよう注意が必要です。
　ただ，1通のメールをきっかけにして，当事者たちが同じような状況の仲
間たちとつながって，元気になっていくことも少なくありません。そこから，
社会的な活動に関わったり，仕事に就いたりした事例がいくつも生まれてい
ます。
　メールで，たまに相談に乗ったり雑談したり喧嘩したりしながら継続して
いくうちに，やがて自分たちの意思で動き出す。そのうねりが原動力となり，
ひきこもり経験者たちのつくり出す居場所や当事者活動にもつながっていま
す。
　メールからさらに一歩進めて，Facebook や Twitter などの SNS に紹介す
ると，自分と同じような状況に置かれた仲間たちと出会う機会も増えて，不
安や苦しみ，悲しみなどを共有することもできます。もちろん，ハマり過ぎ
て依存関係に陥ったり，プライバシー情報をさらけ出したりしないよう，最
初はアドバイスやサポートなどが必要かもしれません。しかし，つらいと訴
えたり，助けを求めたり，自分に関係のありそうな情報を得ようとしたりす
ることは，社会からの関係性が閉ざされた状況にあって，今もひきこもる本
人や家族にとって，これから生きていくうえで重要な行動にもなります。
　そして，利害のある関係者が提供する一方的な情報だけではなく，客観的
で少し距離感のあるところからの情報のほうが，長年ひきこもってきた本人
たちのアンテナに引っかかり，信頼を置いてくれることも少なくありません。
それらの中から自分に必要な情報を選び取り，ある日，自らの意思で動き出
そうと思い立つきっかけにもなり得るのだと思います。

第 4 節　本人支援（相談室などでの対面的支援）

I　関わる入り口のない人とはどう支援関係を形成するか

　支援者はできることなら本人と対面的な支援関係を形成したいと思うで
しょう。しかし，家族を通して，あるいは手紙などで，何を語りかけても応
答がまったくない場合もあります。せいぜい，「ほっといて欲しい」「よけい
なお世話」「関係ない」という答しか返ってこないことがあります。このよ
うな時間が限りなく続くように思われることも少なくありません。しかし，
ある時に，不意に相談室に訪ねてくるとか，手紙に返事が来るとか，訪問し
た際に本人が出てきて応答するとか，居場所に顔を出すとかの応答があり，
相談室などでの対面的支援が実現します。もっともその「ある時」は，1 年
後か，3 年後か，5 年後かわかりません。また，どのような働きかけに応答
してくるのかも単純には予想できません。長期間ひきこもり状態にある人は，
それだけ外からの働きかけを拒んできた人です。長い期間，繰り返し，また
さまざまな内容の働きかけを継続しても本人の心の動きと響き合わないとき
は支援が実を結びません。しかし，外からの働きかけにまったく応答しない
ように見える人も，予想しない時に，ある働きかけに対して，本人から応答
することがあります。その時は，少なくともある期間，本人の心の動きが，
支援を受け入れる状態（境界線を越える）になっているのだと考えられます。

II　相談室などでの対話の基本姿勢について

　上記のように苦労した結果，相談室などでようやく本人と会えるというこ
とは，ひきこもり支援者にとって大変喜ばしいことです。本人と直接会える
ことにより，新たな支援関係を築く可能性が開けてきます。さりとて，支援
者は張り切りすぎず，穏やかな態度で接することが望まれます。本人に性急
に変化を求めるのではなく，まず本人とくつろいで語り合えるようになり，
本人の状況（心境）を丁寧に理解することが大切です。そのうえで，本人が
なるべく多様な人間関係を体験できるよう配慮することも求められます。そ
こで「本人との対話の基本姿勢」について次のようにまとめておきます。

① 本人との面接では，形にこだわらず，本人の意向，気分，面接への期待（あるいは面接への期待のなさや反発）などを十分配慮し，くつろいだ自然な雰囲気・自然な流れを尊重することが望ましい。

② はじめの対話では，さまざまな思いを乗り越えて来所してくれたことへの感謝の気持ち，ねぎらいの気持ちをまず述べる。そのうえで，本人の日常生活，趣味や楽しみ，日常生活で考えること思うこと，などを話題にすることが自然である。

③ 本人から，自身のことや身の周り（家族関係・社会関係を含む）のことなどについて話題が出される場合，その話題を優先し語り合うことになる。支援者としては，今，大切なことを語り合っていると思っているときでも，本人が新たな話題を提示するときは，まず，その話題に注意を集中する柔軟さが求められる。

④ 就労，就学，将来のことなどは，当面，話したくない人が多い。対話の中で，本人から関連した話題が出たときに，自然に触れていくことが望ましい。

⑤ 支援者は，親や家族（あるいは世間）の意向を代弁する立場ではないので，本人の思いや意向を中心に，対話をすすめる。支援者が何かを提案（助言）することはあっても，それは一つの選択肢であり，決めるのは本人であるという姿勢を明確にする必要がある。

⑥ 本人の希望や意向を確認しつつ，相談室における一対一の対話だけではなく，他のスタッフを入れた複数の談話場面，趣味などが共通するスタッフとの談話場面，など柔軟性を持った対応も考慮する。

⑦ 支援者は，成果を急がず，対話が成立し，親しい対話関係を形成することを大切にする。安全で安心できる人間関係を体験してもらうという姿勢を維持する。

Ⅲ 多様な対人関係経験の機会を用意する（ただし段階を踏んで）

本人の状況を見ながら，本人の対人関係を広げることも検討しますが，その場合も次の点に留意することが望まれます。

① 個別の関係の中で対処する課題がまだまだ多いのか，対人関係を広げることが今望ましいのかを，本人の意見も聞きながら慎重に検討する。

② 自然な流れの中で，特定支援者以外の対人関係を楽しむ機会を提供する。雑談でよい。

③ その中で，人に対する不安・恐怖が薄らぐことができれば意義は上々である。

④ 変化を急がない・急がせない。「本人の現在の人となり」を基礎に本人とつながる。「今のあなたと話をしたい」ということが伝わるとよい。変化のタイミングは対話を続ける中でいつの間にか訪れるのがよい。

⑤ 希望・要望については，すぐにはできそうにないことでも一緒に考えてみる。できそうなことも一緒に考えて，合意しながら，できることをすすめる。

Ⅳ　人が育っていく緩慢な過程に伴走する

　ひきこもり支援は，時に数年という時間で取り組む気の長い実践です。しかし，長い間社会の中で育つ機会を確保できなかった人たちが，社会的に育っていくためには，多くの克服すべき課題があります。内面的な悩みや葛藤，不安や恐怖などを一つひとつ解決ないしは緩和しながら，また，社会的な場で遭遇する多様な経験を一つひとつ積み重ねながら，ひきこもり本人は，緩慢ともいえる過程を経て，社会に向けて育っていくものです。ひきこもり本人を支援する相談支援員には，時間を要する成長の過程に伴走する，あるいは少しばかりお手伝いをするという，気の長いひきこもり支援の実践になじむ必要があると思います。

◆コラム5　本人の動機づけを高める支援

境　泉洋

　支援において，最も重視されることは，ひきこもり本人が元気になることです。失敗体験を繰り返してきた本人の多くは無気力になり，自立に向けた行動をすることに自信が持てずにいます。まずは，このような本人に対して，活性化行動の種類を増やす行動活性化を行うことで，本人が元気になることを目指します。

　行動活性化とは，その人自身にとって楽しめる活動や目標をもった行動の回数と種類を意識的に増やしていくことによって，行動を改善し，ポジティブな変化を起こそうとする方法です。

　活動性の低い人は，何か嫌な出来事があると，不安，うつ，怒りの気持ちが起きてしまい，ネガティブな気持ちになると，やる気が起きず何も行動を起こさなくなってしまいます。この行動パターンによって，達成感や楽しさなどの刺激を受けることが減り，ポジティブな気持ちになることが少なく，また，ネガティブな気持ちも改善されない悪循環が生じてしまうと考えられています。

　この悪循環を断ち切るためには，本人にとってメリットのある行動を行っていくことが重要です。行動活性化は，活動性の低い人ができる行動を少しずつ身につけ，達成感や楽しさを経験していけるようにするために，生活が“わくわく”するものになる行動を増やしていくように働きかけます。たとえば，就労や就学など，自立に向けた意欲の乏しい利用者に対して，行動活性化を活用することで，日常的な生活を充実させ，前向きな気持ちになってもらうことが就労へ向かう事前準備としても効果的です。

　こうしたひきこもり本人向けに行動活性化を体系的に行うプログラムとして，徳島大学と高知県教育委員会が共同で開発した「若者はばたけプログラム」があります。「若者はばたけプログラム」は，図4-1のように「やる気がないから行動しない」という発想ではなく，「行動することがやる気を生み出す」という発想に基づいて作られています。

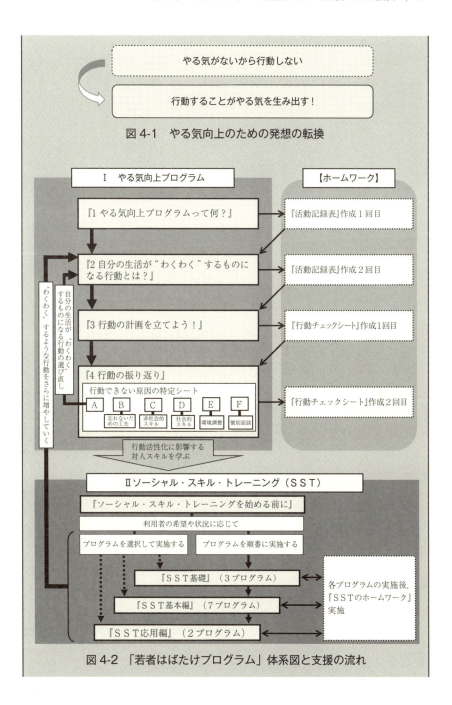

図4-1　やる気向上のための発想の転換

図4-2　「若者はばたけプログラム」体系図と支援の流れ

「若者はばたけプログラム」は主に3つのステップで構成されています。一つ目のステップは，本人の"わくわく"を明確にすることです。そのために，"わくわく"ワークが準備されており，ひきこもり本人のやる気を引き出す原動力を明確にしていきます。

二つ目のステップは，"わくわく"を高めていくための具体的な行動計画を立てることです。そのために，"わくわく"リストを作成していきます。"わくわく"リストは，3つのレベルが設定されており，レベル1がすでにやっていて，"わくわく"できる活動。レベル2が今はやっていないが，確実に実行できて，"わくわく"できる活動。レベル3が実行できるかどうかわからないが，挑戦するのに見合うだけの"わくわく"を得られる活動となります。この3つのレベルに相当する具体的な行動計画を作成し，実行していくことでひきこもり本人の"わくわく"を高め，活動性を高めていきます。

三つ目のステップは，"わくわく"リストの中で実行できなかった行動があった場合，行動できなかった原因を特定し，それに対処していくことです。このステップでは，ひきこもり本人の課題が浮き彫りになります。具体的には，経済的な制約から実行できない，人と関わるスキルが身についていない，それを実行することが怖い，などです。このステップでは，こうしたひきこもり本人の課題に対応しつつ，本人が実行できる新たな"わくわく"リストを作成していきます。

三つ目のステップで人と関わるスキルが身についていないなどの社会的スキルの必要性が示される場合が多いため，「若者はばたけプログラム」には社会的スキルを練習するためのソーシャル・スキル・トレーニングが含まれています。社会的スキル以外への対応方法についても，プログラムの指導書に対応方法が掲載されており参照することができます。

第5節　家族支援

ひきこもり支援では，最初は家族のみの相談であっても，ひきこもりの本人と家族が制度のはざまに陥らないように包括的に相談を受け付けましょう。家族のみの相談が一定期間継続することは，ひきこもり本人への自立相

談支援では必要なプロセスといえます。初回の家族面接では，現在のひきこもり本人と家族の状況について情報収集し，家族の主訴を明確にするとともに，生活困窮に関するニーズの把握と緊急性の判断を行います。本人だけでなく家族も含めた世帯全体のアセスメントを行い，家族自身に生活困窮に関するニーズが存在するときは，家族を支援対象とした自立相談支援を開始することになります。家族支援では，本人が支援を受け入れることを目標とし，家族の不安や葛藤を和らげたり，本人との関係性を見直したり，ひきこもりについての理解を深めることを援助しながら，本人が相談に訪れるために必要な手順や方法を話し合います。本人を対象とした支援が開始されたのちも，自立相談支援は，本人だけでなく家族全体に対して，他の社会資源を活用しながらチームアプローチによって展開されます。

I　家族のニーズとさまざまな支援

　ひきこもり支援においては，家族支援は非常に重要な役割をもっています。ひきこもり状態にある人が相談に来られない状況の場合は，家族への支援が中心となります。また，ひきこもり本人が相談に訪れた場合でも，本人が継続的に支援を受けていくためには，家族への支援も同時に行っていく必要があります。家族支援の主な対象は両親ですが，祖父母やきょうだい，親戚である場合もあります。

　家族は，ひきこもり状態にある人の現状と将来に対して大きな不安を抱いています。ひきこもり本人の暴力や昼夜逆転などの問題行動への対処，家族関係，将来の生活設計などへの不安から，精神的な不調を来している人も少なくありません[9][10]。近年，親の高齢化に伴い[11]，経済的に困窮した家庭が増えてきているという指摘もあります[12]。自らも健康問題を抱えた高齢の親が，ひきこもり状態にある子どもの親亡き後の生活を心配して，自立相談窓口を訪れるというケースも多くあります。

　ひきこもりの家族支援では，家族内のコミュニケーション・パターンや家族関係に注目しつつ，それらを変化させることを通じて本人の変化を促すことを期待する家族相談と，本人に生じている事態や背景となっている精神医学的問題，適切なはたらきかけなどについて家族の理解を深めるための心理

教育が組み合わされて実施されます[13]。具体的には，表 4-1 に挙げたような
支援が，状況に合わせて複数の援助機関から提供されます。問題解決型アプ
ローチとは，それぞれの家庭の問題に対して，個別的で具体的な解決の方策
を提供するものです。また，認知療法的アプローチは，物事を違った角度で
捉えることができるように援助することをいいます。夫婦カウンセリングで
は，家族関係を見直し，夫の参加を促し，夫婦協働で子どもに向き合うこと
を支援します。これらの支援の形態としては，電話相談，通所による個別面
談，アウトリーチ，グループ，レクチャーなどがあります。

表 4-1 ひきこもりに関する支援の種類と特徴（船越，2015；p.109 より抜粋）

支援の種類	支援の特徴
情報と知識	支援機関についての情報を得る
	メンタルヘルスに関する知識を得る
精神医学	精神疾患の罹患の有無を判断する
	精神医学に基づく助言を得る
	薬物療法で精神症状の軽減をはかる
自助グループ	自分の体験を客観視する機会となる
	親の孤立を防ぐ，親同士でアドバイスし合う
	ひきこもりケースの多様性を知る
	ひきこもりについて気兼ねなく話せる
	同じ苦しみを分かち合う
共感的支持的アプローチ	支援者と信頼関係を築く，親の話を聞いてくれる
	親の気持ちを受け止めてくれる
	親の感情表出を助けてくれる
問題解決型アプローチ	子どもの精神状態を知る
	子どもへの対応方法の助言を得る
	親と一緒に考えてくれる，個別的な問題に対応する
認知療法的アプローチ	先入観をなくす，物事をポジティブに捉える
	子どもの変化に気づく，子どもを多面的に捉える
夫婦カウンセリング	夫の参加を促す，夫婦協働で子どもに向き合う
	夫婦で同じ対応をする，家族関係を見直す

Ⅱ　自立相談支援における家族支援の位置づけ

　ひきこもり本人への自立相談支援は，ひきこもり状態から脱して社会生活を取り戻そうとする本人に，自己決定と自立のための支援を行うものです。本人が，家族とは異なる考えや希望をもつことは自然なことです。あくまで支援の対象は本人であって，家族ではないということを念頭においたうえで家族支援を行う必要があります。

　一方で，ひきこもり支援においては，家族のみの相談が継続する場合が多いのも事実です。家族を通して現状の把握と情報提供を行い，他制度や専門機関で対応が可能な場合は速やかに適切な機関につなぐ必要があります。自立相談支援機関で対応する場合は，家族と信頼関係を構築し，家族の精神的なサポートを行い，家族の抱える問題の解決や家族間の調整に取り組みながら本人が相談に訪れるのを待つこととなります。家族を対象とした支援が本人の来所につながると報告されており [15]，家族のみの相談が一定期間継続することは，ひきこもり本人への自立相談支援では必要なプロセスといえます。

Ⅲ　自立相談支援の各プロセスにおける家族支援の展開

　生活困窮者自立支援制度における自立相談支援事業の支援の流れは，「自立相談支援研修テキスト」 [8] の 30 〜 34 ページに概説されています。また，ひきこもり本人に対する相談支援プロセスにおける家族支援の流れの全体像について，「ひきこもり状態にある人に対する相談支援プロセスの概要」として図示しました（図 4-3）。さらに同テキストでは，第 4 章の第 1 節「相談支援の展開」でさらに詳しい説明があります（pp.106 〜 144）。以下の内容と合わせてこれらの資料を参照ください。

1. 把握・アウトリーチ

　ひきこもり本人を把握するためには，ひきこもりの家族支援が地域でどのように実施されているかを知り，関係機関と十分に連携する必要があります。ひきこもりを伴う生活困窮者の場合，家族を通してその問題が把握される場

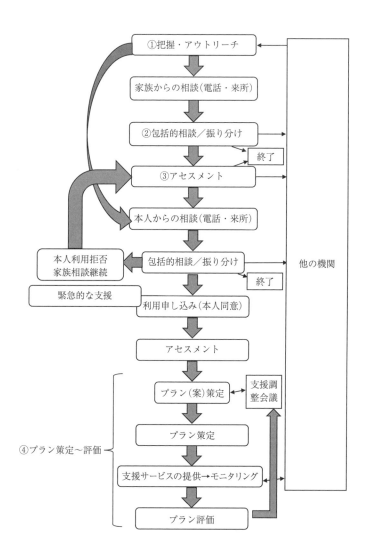

図 4-3　ひきこもり状態にある人に対する相談支援プロセスの概要
（自立相談支援事業従事者養成研修テキスト編集委員会編，2014；p.30 図表 2-2 をもとに作成）

合が多いものです。しかし，ひきこもりで悩む家族が，自ら生活困窮の相談
につながることは難しいため，ひきこもりの家族が集う場に積極的に出向い
て行き，支援対象の把握に努めることが重要です。

　ひきこもりの家族支援は，ひきこもり地域支援センター，精神保健福祉セ
ンター，精神科病院または診療所，教育機関，家族会などが行っています。

2.　包括的相談／振り分け

　ひきこもりを伴う生活困窮者の場合，最初は家族のみの相談であっても，
ひきこもり本人と家族が制度のはざまに陥らないように包括的に相談を受け
付けるべきです。そして，生活困窮に関わる相談か，他の相談機関を紹介す
る相談か，情報等を提供することにより自分で解決できる相談か，などを相
談内容から判断し，適切に振り分けなければなりません。

　初回の家族面接では，現在のひきこもり本人と家族の状況について情報収
集し，家族の主訴を明確にするとともに，生活困窮に関するニーズの把握と
緊急性の判断を行います。初回の家族面接時の留意点については下記に列挙
しました。家族がひきこもり本人から暴力を受けていたり，ひきこもり本人
が自殺をほのめかす発言を繰り返していたりするなど緊急に介入が必要な場
合は，適切な機関にただちにつながなければなりません。また，ひきこもり
本人と家族に生活困窮に関するニーズが見当たらない場合は，家族の主訴や
家庭の状況に応じた他の相談機関を紹介する等の対応を行います。

初回の家族面接の留意点
①来談の趣旨，訴えを明確にする
②家族のこれまでの解決への努力を聞き，評価する
③相談歴，紹介ルート，治療者への期待を把握する
④悪者捜しをしない
⑤緊急性の判断をする
⑥相談継続への工夫

（楢林，2001；pp.36 ～ 40）

　他の関係機関につなげる場合，単に紹介するにとどめず，可能な範囲で相談内容を伝え，適切な対応を依頼します。場合によっては，本人と一緒に他機関に赴いたり，紹介先の機関に後日状況を確認したりすることも求められます。家族には，必要があればいつでもあらためて相談を受け直すという姿勢を伝えることも大切です。「把握・アウトリーチ」の段階で，十分に他機関との協力体制が構築されているかどうかが，「包括的相談／振り分け」において適切に他機関へつなぐことができるかを左右します。

　一方で，家族自身に生活困窮に関するニーズが存在するときは，家族を支援対象とした自立相談支援を開始することとなります。ひきこもりにおいては，親の高齢化に伴い経済的基盤が不安定な家庭も多く，親の失業，定年退職，疾病，死亡などにより，容易に生活基盤を失い，貧困化する可能性があります[17]。ひきこもりの家族は，少なくとも生活困窮の潜在的なニーズを抱えていると考えるべきでしょう。また，ひきこもり本人に生活困窮に関するニーズが確かに存在するにもかかわらず，本人が相談支援を拒否するなど支援に訪れることが難しい場合は，まずは家族を支援対象として，家族自身が抱える課題を解決することから始めることになります。ただし，これらの判断を行うために，継続して家族の話を聞く必要があることも少なくありません。家族の相談継続への動機を高めるために，家族の話を十分に聞き，これまでの苦労と努力を労い，家族との信頼関係を形成していく必要があります。

3. アセスメント

　ここでは，ひきこもり本人に生活困窮に関するニーズが考えられますが，本人が相談に訪れることが難しいために，家族を支援対象として情報収集とアセスメントを行う場合を取り扱います。家族支援では，本人が支援を受け入れることを目標とし，家族の不安や葛藤を和らげたり，本人との関係性を見直したり，ひきこもりについての理解を深めることを援助しながら，本人が相談に訪れるために必要な手順や方法を話し合います。

　まずは，本人だけでなく家族全体の状況や本人を取り巻く環境を包括的に把握するための情報収集を行います。ひきこもり支援においては，家族の情報から，本人像・家族機能・家族関係を評価する必要があります。家族面接

で，本人像を捉えるために有用な情報は，普段から本人が話している内容と，ある出来事・状況の際に示した反応といわれています。家族機能は，本人や他の家族成員に生じた問題に対する家族の対処から，家族の現実検討能力と問題解決能力を評価するとよいでしょう[18]。

　次に，本人だけでなく家族も含めた世帯全体のアセスメントを行います。困窮状態の背景と要因や相互関係を整理し，どのような構造で本人の課題が生じているのか，何が自立や社会参加の阻害要因となっているのか，見たてを深めます。そして，もっとも支援が必要な場面と効果的な支援の場面を検討し，解決の糸口をつかみます。ここで，どのように働きかければ，本人の相談につながるかの見通しをもてるようにしたいものです。また，家族全体が社会から孤立している場合は，まずは家族が社会とのつながりをどのように構築していくかの具体的な方策を考えます。親亡き後の，ひきこもり状態にある子どもの生活困窮を懸念している家族に対しては，資産の有効活用や使用できる社会制度を検討します。

　最後に，アセスメントを踏まえて，今後の支援の方向性を判断します。家族への情報提供と相談対応のみでこのまま終了とするか，他の機関につなぐか，引き続き本人の受け入れに向けて取り組むかを決定します。本人に生活困窮に関するニーズがあり，どのように働きかければ本人の相談につながるかの見通しが見えている場合は，家族支援を継続し，家族を通して本人に良い影響が生じるように関わります。

　本人が来談しないまま家族支援だけが漫然と続くことを避けるためには，家族支援の目標と評価時期を明確にし，明確な意図と目的をもって毎回の相談を行う必要があります。家族を通してひきこもっている本人に，具体的な支援方法や予測される展開などを提示することも重要です[18]。また，本人が来談しないケースの中には，薬物療法を含めた精神医学的治療を必要とするケースが少なくないこと，生活の変化や新しい状況に直面することへの強い抵抗感，社会への志向性や回避傾向，社会適応能力などの点において深刻なケースが多いことが示されており[19]，他機関の協力体制を確保しておくことも欠かせません。

　情報収集とアセスメントのために，アウトリーチは有効な方法です。居住

地の環境，部屋の状態などの生活の場を実際に見て確認することができるうえに，ひきこもり本人に会える可能性もあります。さらには，きょうだいや祖父母など普段相談に訪れていない家族成員から話を聞く機会が得られるかもしれません。家族を支援の対象としたアウトリーチを行う場合でも，家族を通じてひきこもり本人に訪問することを伝え，了解を得ておくことが原則です。本人に会えなくても，手紙やメモを残すという方法もあります。このように，家族を対象とした訪問を何度か続けているうちに，ひきこもり状態にある人に会えるという展開も実際にはよくあります。アウトリーチがきっかけで本人を対象とした支援が始まる可能性があるのです。しかし，明確な目的をもって，タイミングよく実施しなければ，アウトリーチは家族や本人に負担となるので注意が必要です。

4. プランの策定～評価

　ひきこもり本人が自立相談支援の利用を申込んだ後は，本人と相談支援員が協働してプランの策定を行い，本人に必要な支援を提供していきます。本人を対象とした支援が開始されたのちも，家族支援は大切です。プラン策定にあたっては，家族のアセスメントや家族のニーズも考慮される必要があります。家族は，プランを理解し，支援員とともに本人を支え，必要に応じて支援調整会議に参加するという役割を担います。

　支援は，本人だけでなく家族全体に対して，他の社会資源を活用しながらチームアプローチによって展開されます。家族支援は，本人を取り巻く環境への働きかけとして重要な意味をもちます。たとえば，直接本人に働きかけるよりも，本人と不仲である父親に対して支援を行うことによって，両者の関係性を改善し，結果として本人の支援につなげるという方法もあります。

　ひきこもり状態から脱し，社会に向けて動き出しつつある時期は，それまで硬直状態にあった家族システムに大きな変化が生じやすい時期でもあります。こうした時期には，夫婦関係の強化など，子どもの自立に伴って直面する親の喪失感を支えるなどの心理的サポートが重要です[20]。また，きょうだいは親とは異なった視点でひきこもりに関わってきた家族であり，親への支援とは別の支援が必要になると考えられます[12]。家族それぞれが，新

しい関係性を互いに見出すことをサポートする視点は欠かせません（コラム「きょうだいへの支援」112 頁を参照）。この他に，ひきこもりが長期にわたり親も高齢になっているケースでは，ひきこもり本人が将来も安心して生活していけるように，家族の資産や社会的な制度をどのように活用していくかについて，家族とともにライフプランを策定し，本人にも説明し納得してもらうという支援も必要です[17]。

　プランの評価にあたって，家族支援の観点からは，以下の点を参考に評価を行うと良いでしょう。

---

　(1) 家族の苦悩が受容された体験を得たか
　(2) 家族と本人が互いに良い影響を与えているか
　(3) 家族が冷静さと意欲をもって，課題に向き合うことができるか
　(4) 家族間の協力関係が構築されたか

Ⅳ　家族支援で生じる倫理的葛藤

　生活困窮者の自立相談支援では，本人が自らの意思で自立に向けて行動するようになることが基本であり，ひきこもりを伴うケースの家族に支援を行うときに倫理的な葛藤が生じると予想されます。たとえば，ひきこもりの本人と家族の利害が対立するときに，支援者は利用者と家族との感情的な問題に巻き込まれることがないよう自己をコントロールしながら適切な調整を行わなければなりません。

　ひきこもりを伴うケースでは，本人の情報の取り扱いについても注意が必要です。家族のみの相談の場合でも，相談を始めることについて本人の了解を得ておくことが望ましいでしょう。ひきこもり本人の同意が得られないため，本人の個人情報を関係機関と共有することができず，適切な機関と協働して支援を行うことが難しいという状況も考えられます。

　このような，倫理的な葛藤に直面した場合は，チーム・組織として判断を行う必要があります。

◆コラム６　本人が来談しない場合の家族支援

境　泉洋

　近年，ひきこもりの家族支援への適応が広まっている手法にコミュニティ強化と家族訓練（Community Reinforcement and Family Training：以下，CRAFT）プログラムがあります。CRAFT プログラムは，家族を介して受療を拒否している人達の受療意欲を高めるノウハウが構築されているところに特徴があります。CRAFTプログラムをひきこもりの家族支援に応用する試みは，厚生労働省が作成したひきこもりの評価・支援に関するガイドラインにも紹介されています [13]。また，CRAFTプログラムに基づくひきこもりの家族支援の効果として，受療，社会参加が促進されることが報告されています [21]〜[23]。

　CRAFT プログラムは図 4-4 のような流れで進みますが，CRAFT プログラムは主に以下の３つのことを目的としています。

① 家族に元気になってもらう

② 家族とひきこもり本人の関係を改善する

③ ひきこもり本人に元気になってもらう

　この３つの目的を達成するために，CRAFT プログラムでは，ひきこもり本人の望ましい行動を増やし，望ましくない行動を減らす方法を家族に学んでもらいます。

　まず，望ましい行動を増やすためのポイントには主に２つあります。１つは，ひきこもり本人が望ましい行動をしやすい状況を作ること，２つ目は，ひきこもり本人が望ましい行動をして良かったと思えるような関わり方をすることです。

　ひきこもり本人が望ましい行動をしやすい状況をつくるには，家庭内の雰囲気を穏やかにするとともに，望ましい行動がなぜ起こるのかを考えることが重要となります。このことを考える際の５つのポイントを以下に示します。

① ひきこもり本人がどんな望ましい行動をしているのか？

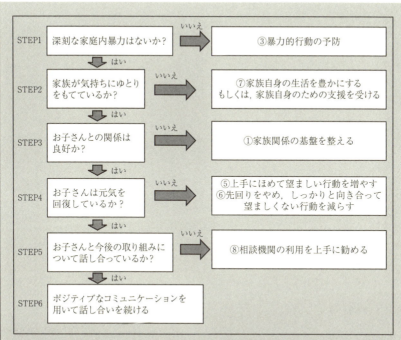

図 4-4　今後の取り組みについて話し合えるまでの過程（境・他，2013 を改訂）

② どんなことがきっかけでその行動をしたのか？

③ ひきこもり本人はどんな気持ちからその行動をしたのか？

④ その行動をすることで，ひきこもり本人にどんなデメリットが起っているだろうか？

⑤ その行動をすることで，ひきこもり本人にどんなメリットがあるだろうか？

　これらのポイントからわかる情報をもとに，ひきこもり本人が望ましい行動をしやすい状況を作り，望ましい行動をして良かったと思えるような関わり方を実践していきます。

　一方で，ひきこもり本人が困った行動をする場合も少なくありません。代表的な問題行動としては，暴力，ゲーム依存などがあります。こうした困った行動を減らすポイントは主に 2 つあります。1 つは，困った行動が起こりにくい状況作りを心がけること，2 つ目はそうした行動をしない方がいいなとひきこもり本人が思うような

関わり方をすることです。

　困った行動が起こらないようにするためには，望ましい行動のときと同じように，困った行動がなぜ起こるのかを考えることが役に立ちます。

　CRAFTプログラムでは，こうしたことを家族に学んでもらうことで，ひきこもり本人と家族の関係を改善したうえで，ひきこもり本人を相談につなげる具体的方法を学んでいきます。CRAFTプログラムにおいて，ひきこもり本人に相談の利用を進める場合，どんなタイミングでその話を切り出すかを重視しています。このことから，CRAFTプログラムでは，相談をすすめるチャンスが来たときに，家族が上手に相談につなげられるようになることを目指しています。

◆コラム7　きょうだいへの支援

深谷守貞

　きょうだいは，ひきこもり状態にある人とどのように関わっていけばいいかという今現在感じている不安に加えて，今後どうなってしまうのかという将来への不安も抱えています。したがって，きょうだいがどのような不安感を抱えているのかを相談に訪れた家族から丁寧に聞き取っていくことが求められます。

　ひきこもり状態にある人を含む家族全体をアセスメントするためには，きょうだいの話を直接聞く機会を設けることも大切です。自分は家族の犠牲者であるという被害者意識を持ちながらも，きょうだいだから見捨てておけないといった葛藤が，きょうだい自身の苦しみとなっていることがあります。また，要介護状態の親の面倒を見てきたり，親の遺産分割で不公平感が生じたりと，きょうだいならではの家族問題が生じている場合も少なくありません。そういった葛藤や苦しみに寄り添いながら，家族の中できょうだいが置かれている立場を把握していくことが必要です。きょうだいに支援者としての役割だけを求めるのではなく，きょうだいも支援の対象として向き合うことが求められます。きょうだいへの支援を行う中で，ひきこもっ

ている本人に生じている問題よりむしろ，きょうだいと親との関係性を見直すことに支援の重心が変わってゆく場合もあります。

　きょうだいが抱える今現在の不安・将来の不安に対しては，さまざまな社会制度や社会資源を情報提供し，適用していく中で軽減につながる場合があります。ひきこもり状態にある人への公的扶助に関する情報提供，中間就労などの就労支援機関，法的な問題であれば法テラス等の法律相談の専門機関の紹介など，きょうだいの置かれている状況に応じた関係機関との連絡調整も求められます。

　こうしたきょうだいへの支援には，きょうだい自身が置かれている生活環境に配慮することが大切です。

第6節　居 場 所

Ⅰ　「居場所」とは何か

　ひきこもり本人が，家庭中心の生活からいきなり就労をめざすのではなく，まずは家庭の外に居場所だと感じることのできる場を確保することは，無理のないプロセスを進むうえで大切なことです。

　『日本国語大辞典』（小学館）によれば「居場所」というのは「人が世間，社会の中で落ち着くべき場所」という意味が含まれている言葉です。

　すなわち，本来「居場所」とは支援方法というよりその人その人が「そう感じられる場所」ということになります。学校が楽しい子は学校が居場所になっているのであり，仕事が楽しい人は職場が居場所になっている，ともいえるわけです。

　では，ひきこもり本人にとって，どのような場が「居場所」になるのでしょうか。

Ⅱ　孤立段階の居場所

　本人たちは，生活の多くを自宅で過ごしています。では，自宅が居場所―

落ち着く場所—になっているかといえば，多くの場合そうはなっていません。

　自宅にいても，常に家族からの否定的な視線にさらされており，なかには実際に否定的な言動を受け続けている場合もあります。そういった場合，本人にとっては自宅でさえも居場所とはならず「落ち着けはしないが，かと言って家出するほどのエネルギーもないから仕方なく」などといった感覚で在宅生活を続けているに過ぎません。これでは，本人の情緒が安定し，エネルギーが回復することは期待できません。

　そのため，環境が許すかぎりは，まずは自宅が居場所になるよう家族の視線や言動を肯定的なものに変えていくことが求められます。

　こうして家族が適切な対応を続けていると，本人はようやく自宅で落ち着ける—自宅が居場所と感じられる—ようになります。本人の情緒は安定し，エネルギーが回復し，明るさや元気さを取り戻していきます。

　自宅が居場所にならないか，自宅が居場所になった段階の本人が，自宅の外に居場所を見つける場合もあります。

　たとえば本人からよく出てくるのは図書館です。ほかにも川や海，公園など，居住環境によっては「近所の」「人が少ない」場所でしばし落ち着く時間を持つ，という本人もいます。

Ⅲ　ひきこもりコミュニティの特徴

　また，自宅が居場所になって，あるいはなっていなくても，エネルギーが回復してきた本人が居場所と感じられるだろう場もあります。

　まだ都市部にかぎった動向ではありますが，近年，ひきこもりの当事者会（自助グループ）や「ひきこもり」をテーマとする，当事者経験者をはじめそのご家族や隣接テーマ（発達障害や精神障害など）の当事者経験者，さらには支援関係者などを対象とした対話集会・読書会・飲み会などの「ひきこもりコミュニティ」が増えつつあります。

　これらは当事者経験者やそのご家族が世話人あるいは中心メンバーになって開催されているため「支援の場」ではなく同好会的な雰囲気を持っているところが共通しています。

　たとえば，何度も参加してなじんできた人に「次のステップに上がった

ら？」などと言う人はいません。トラブルを起こさないかぎり誰からも否定されたり指導されたりしません。出入りも過ごし方も参加者の自由意思に任されています。

　そのため，後述する支援の場としての居場所と比べてハードルが低く，本人が「社会復帰のために参加すべき」ということではなく「気楽に過ごせそうだから参加してみようかな」と自発的に参加する気になりやすいという特徴があります。

　そういう場であるためか「参加の目的は人間関係やコミュニケーションの練習です」と言う本人もいます。

　そのような練習は，一般には多くの支援機関が開設しているフリースペース，またはその上のステップとして実施される「ソーシャル・スキル・トレーニング（SST）」「アサーション（自己開示）トレーニング」などで"させるもの"と考えられています。

　しかし，前述のコミュニティは「ここで人間関係やコミュニケーションの練習をしよう」と思える本人が現れるほど，自分で考えて自分のペースで参加できる場だと認識されているわけです。

Ⅳ　支援機関による居場所の特徴

　最後に，支援としての居場所について述べます。

　現在，官民問わず多くのひきこもり支援機関がフリースペースを開設しています。それは「フリースペース〇〇」などと称しているフリースペース専門機関と，就労支援まで段階ごとに取り揃えた支援方法の最初のほうの段階として用意されている「〇〇支援機関のフリースペース」とに分かれ，どちらも「居場所」としての機能を謳っているか「居場所（事業）」と称しています。

　これらのうち，前者は「ここで元気になったら次の段階の支援を受けるべきだ」という方針も雰囲気もなく「ほかの支援方法を求める人には情報提供や紹介をする」というだけにとどまっている場です。そこの支援者は，多くの場合「メンバーの主体性や個性を尊重し，相互尊重の雰囲気，くつろいだ楽しい雰囲気づくりを工夫する。通常，居場所のルールは緩やかで，個性や自由を尊重したものとする」[25]などの原則を持ち「時折，イベント，集団活動，

学習会などが計画されるが，参加・不参加・周辺で観察するなどの自由と主体性が尊重されることが望ましい」[25]とされます。

　いっぽう後者は，長年の孤立によって家族以外の人間関係を失い，そのため家族以外の他者との接し方・コミュニケーションのとり方など人間関係スキルが衰えているひきこもり本人たちへの段階的な支援の一つとして，いきなり「ソーシャル・スキル・トレーニング（SST）」「アサーション（自己開示）トレーニング」などの訓練を施すのではなく，まず人に慣れ，緩やかな人間関係を回復する中で，コミュニケーションをとりながら自然にスキルアップができていくことを期待できる場を用意することを目的としています。

　支援者の原則や望ましいことは，前述した前者のそれと共通している場合が少なくありませんが，そこになじめたら前述の訓練に進み，そこでスキルを習得すればボランティア体験など次のステップに進む，といった「通過点」という位置づけであることは確かです。

V　本人に合った居場所探しを

　以上のように，ひと言で「居場所」と言っても，必ずしも「支援機関が開設している居場所」だけを探すのではなく，本人が何を求めているか，どの程度エネルギーが回復しているか，といった点を考慮に入れて「居場所と感じられる場所」を見つける手伝いをすることが重要だと考えられます。

　なお，ひきこもり本人の中には，自分が行ける場所はないかとインターネットで調べ，気になった場をブックマークしておく人がいます。そのような人の多くは，気になった場を見つけてすぐそこに行くわけではなく，ブックマークした場をときどき閲覧しながら検索を続ける日々が長く続きます。

　その場合，周囲がそのことに気づいても見守り続け，本人がそのことについて話したときに「本人はどういう場を居場所と感じるのか」「本人に合った居場所はどういう場か」などについて一緒に考えることが大切であり，みだりに行くことを勧めることのないようにしたいものです。

第7節　ピア・サポート

Ⅰ　ピア・サポートの実践領域

　全国的に当事者発のさまざまな取り組みが多く見られるようになり，まさにピア・サポートが脚光を浴びる時代が到来しています。今日ピア・サポートは障害者の地域移行支援や地域定着支援，さらには ACT（Assertive Community Treatment；包括的地域生活支援プログラム）でも注目されています。その実践領域は幅広く地域ボランティアをはじめ自助組織運営としてのインフォーマルな活動体からフォーマルな展開としてピア・カウンセラーやピア・ヘルパー，ピア精神保健福祉士にみる養成コースも実施されており，教育や医療保健福祉領域のそれぞれの現場で活躍するピアな実践者たちが多岐にわたって存在しています。

　ひきこもりに特化したピア・サポートについては，まだ日が浅く平成25年度から厚生労働省「ひきこもり対策推進事業の拡充」においてピア・サポーターを含む「ひきこもりサポーター養成研修・派遣事業」が掲げられ，KHJ家族会が中核となって認定ひきこもりピア・サポーター養成研修事業がはじまっています。ひきこもり本人を尊重し，ともに行動するひきこもりピア・サポーターに熱い視線が注がれています。

Ⅱ　ピア・サポートの「ピア」とは何か？

　さて，ひきこもりピア・サポートで示されるピア（peer）という用語にはどんな意味が込められているでしょうか。ピアは仲間としての当事者性という意味をもっていますが，それに加えて対等性（partnership）という意味で語られることも多くなりました。

　ピアな人たちが多く集まる自助組織には将来に不安を抱く学生やもがき苦しみながらも，いつ自分もひきこもりになるかわからないと考えている労働者など多様な人たちが参加することも少なくありません。彼らを同じひきこもり経験をもつものではないと，不毛な選別主義に陥ることがピアとして意図する本来の姿ではないでしょう。ひきこもりに親和性をもつ同じ対等な仲

間として受け入れていく感性と優しさの懐の深さの中にこそ，ピアとしての本質を見出すことができると思われます。

またピアという意味には，人生まっすぐ歩いてきた人よりも，躓いたり，立ち止まったり，右往左往しながら曲がりくねった道を歩んできた人のほうが人生そのものは豊かであるという視点があります[26]。どこか資格を印籠のように振りかざして自信満々な態度をとる人たちとは異なり，自分が嫌だったことを決して相手に押しつけることはしないでしょうし，少なくとも先頭に立って力強く他人を引っ張り出すこともしないでしょう。常に謙虚な立場で真摯に誠実に事にあたることができる人，それがピアであるということに尽きるといえます。

Ⅲ　ピア・サポートの価値理念

ピア・サポートの価値理念には何か決められた定説があるわけではないでしょう。ひきこもり本人一人ひとりが体験してきたそれぞれのメンバーの貴重な経験にもとづく知識・技術（experiential knowledge）に価値があり理念があって，専門職の知識・技術体系（professional knowledge）と比べて本人に沿う現用的（pragmatic）でより包括的（holistic）な強みをもつ[27]実践者として活動していくことがなによりも求められます。

人間の人生とはよく旅にたとえられます。一人ひとりの旅は異なっていてもかけがえのない一人の人間として尊重され，さまざまな生き方が大切にされなければなりません。その意味でピア・サポートには，リカバリーが重要になってきます。リカバリーとは，パトリシア・E・ディーガン（Deegan, P.E）[28], [29]によれば，「旅であり，生き方であり，構えであり，日々の挑戦の仕方である。平坦な一本調子の直線的な旅ではない。ときには道は不安定になり，躓き，旅の途中で止まってしまうこともある。けれど，再び旅は気を取り直してもう一度始めることができる。この旅で必要とされるのは，私たちの前に立ちはだかる障害への挑戦を体験することである。障害による制限の中，あるいはそれを超えて，健全さと意志という新しく貴重な感覚を再構築することなのである。リカバリーの旅で求めていることは，地域の中でふつうに「暮らし」「働き」「愛し」そこで『自分が重要な貢献』をすることである」と述べ

ています。

　「自分もあなたと同じように苦しいときを歩んできました」という一つひとつの語りが同じように悩むひきこもり本人に共感と勇気を生み出す一つのきっかけになっています。こうした相互のピアな温かい眼差しと信頼できる解き放ちの関係性，そして分かち合うチャンスの数々を通して「あなたにできるのなら，もしかしたら私にもできるかもしれない」という一つの希望への源泉へと結びついていっているのです。近年の全国各地でダイナミクスに広がっているひきこもり本人主体の動向はこうしたリカバリーストーリーの共有化と相互促進作用によって引き起こされる化学反応によって形成されていると言っても過言ではないでしょう。

　これまでの支援と呼ばれる関係性ではピアな人たちは長い間支援の受け手として捉えられてきました。しかし今日では送り手としてソーシャル・ネットワーキング・サービス（SNS）などを通して当事者目線の情報を発信しています。そこでつながったピアな人たちがさまざまな交流の場で出会い，そこで理解し応援してくれるピア同士が触れ合うことでお互いのリカバリーそのものがさらに促進されていきます。ピア・サポートには専門性にありがちな一方的な支援ではないピアならではの互恵性という新たな支援の再構築の一つにその価値を見ることができます。そしてそれを支え続けているのは「誰かが自分を信頼してくれている」というリカバリーの理念であり，そこから次第につくられていく弱さの中にある「自分にはまだまだ可能性がある」という力なのです。ピアがつながることの意義，そしてピア・サポートの重要性はそうしたところにあります。

Ⅳ　ピア・サポートの役割

　厚生労働省が示す「ひきこもりサポーター養成研修・派遣事業」では，ピア・サポートの役割として，次のような役割が挙げられています[30]。

(1) 地域に潜在化するひきこもり本人や家族を発見し，適切な相談窓口につなげる。
(2) ひきこもり本人が希望する又は必要となる外出困難な世帯に訪問支援する。

（3）ひきこもり地域支援センター等の適切な専門機関を紹介する。

（4）ひきこもりに関わる理解普及啓発を学習会や広報などを通して促進する。

さらに近年は，ピア・アドボカシーとして同様に置かれたひきこもり本人の思いを汲み取る代弁的機能も期待されています。

こうした役割はピア・サポートが中核となりながらも専門職であるプロ・スタッフとの協同のなかで実践することが求められます。とくに今日のひきこもりニーズは多様であり，またそのひきこもり経験も一人ひとり異なっておりピア・サポートを担う人たちだけではなく専門職も同様に実践過程で悩むことが少なくありません。彼らが実践上孤立しないよう複数人で対応できるチームアプローチでのフォローアップやスーパービジョン（supervision）体制の検討も今後推進していくうえで重要となります。

これらひきこもり本人の主体性を重視しながら取り組むピア・サポートの役割を考えていくとき，ピア・サポートの仲間を増やしそれぞれの地域で実践をすることはメゾ・レベルである地域（community）の本来もつ力を引き出すことにつながることにもなります。またそうした地域のあり方はプロ・スタッフだけでは成し遂げにくかった個別支援というミクロ・レベルの課題への接近がより可能となり，さらには，ひきこもり支援に欠かせないマクロ・レベル領域に位置するソーシャルアクション（social action）をつくりだしていくことを示唆しています[31]。地域のひきこもりのさまざまな課題から，よりよい社会づくりのための協同作業をピア・サポートがひきこもり本人や地域のさまざまな人たちとともにムーブメント化していくことが期待されます。ひきこもり本人を活かす社会はすべての人たちが幸せになれる社会でもあります。とかく意見表明が弱く，自分の思いを言語化できないとみられがちなひきこもり本人が，実践活動を通して単なる参加者から参画者に変化していくプロセスとその役割に大きな希望を寄せるものとなります。

V　ピア・サポートのこれからの課題

残された課題も少なくありません。ひきこもりの長期高年齢化によって支援機関への誘導という側面からピア・サポートに家庭への訪問支援の役割が大きく期待されています。訪問支援をアウトリーチという言葉に置き換えら

れることが多いですが，ここで要求されるアウトリーチは訪問支援そのものを指すものではないでしょう。実践者の姿勢，精神的な枠組みを意味するものであって，理念なきアウトリーチが進行してしまう危惧が課題として残っています。

　アウトリーチとは人と人とを「つなぐ」実践であることを理解し，家庭訪問といった狭義のアウトリーチに留まらない広義のアウトリーチの検討が求められています。具体的には，一つはピア・サポートによる手紙（絵葉書）を活用した効果的なアウトリーチ実践方法です[32]。多くのひきこもり本人が仲間からの手紙（絵葉書）を「とりあえず受けてみるところからはじめようと思った」と語るように，「返信はできないが手紙（絵葉書）を受け止めることは大丈夫」とする当事者の心のありようを十分理解して，実践者とひきこもり本人双方に無理のない距離感をもって緩やかに交流できるアウトリーチを検討することです。

　いま一つは，社会資源が乏しい地方圏においても安心して本人が集まることができるコミュニティを創設していく活動など，個人ではなく地域にアウトリーチする方法論を検討していくことです。ロバート・M・サンレイ[33]は「ひきこもりがちな家族が親切な地域住民の誘いを受け，コミュニティセンターのミーティングに参加することで，日頃打ち明けられないでいた悩みをCSW（community social worker）に表出することができたことを取り上げて，個人に焦点を当てて働きかけるアウトリーチではない，近隣や地域など当事者を取り巻くメゾ領域に基盤を置くアウトリーチの有効性」を指摘しています。地域にもっと温かい眼差しと関わりがあれば，これほどまでに窮地に追い込まれる当事者は少なくなるのではないかと思われます。そのためにもピア・サポートが地域にアウトリーチをする意義はあるでしょう。

第8節　医学的支援

はじめに──医療とのつながり方

　本ガイドブックは，ひきこもり問題解決の実践的な支援活動に基づいてい

ることが特徴です。「ひきこもりの評価・支援に関するガイドライン」[13] では，ひきこもりの医学・心理学的な把握が中心となりましたが，その後の厚生労働省の方針の明確化と地域医療の変化などによって，支援者と医療のつながり方のポイント，つながるタイミング，連携の仕方がはっきり見えてきました。ニートの60％，ひきこもり外来の90％に精神疾患の診断が可能なことも示され[34]，不安障害やうつ状態などを来たした本人や家族に対して，精神療法，薬物療法，集団療法，家族療法などが有効なこともわかってきました。

　精神障害や身体障害を合併したひきこもりを，どの医療機関が受けるべきかについては，医療機関と支援者双方の長年の悩みでしたが，ひきこもり対応を行うクリニックや病院が近年増えてきました。「ひきこもり」のみならず，「発達障害」「児童思春期」「摂食障害」「若者」などを標榜する外来，ひきこもり支援センターなどが使いやすくなっています。周囲の目を気にする本人や家族の視点からすれば，「心療内科」クリニックや診療所，病院とくに公的な病院は利用しやすいでしょう。精神状態に関して相談を受けて見立てを行うことと，社会参加までの方向性を示すことが，医療機関の機能として求められています。他方，病床主体の医療機関は，いまだに残る社会的偏見や診療体制や薬物の問題などから，受診しにくいと見なされる向きもあるようです。

　ひきこもり本人を受診に導くタイミングとしては，①自力で日常生活を維持できなくなったとき，②家庭内ひきこもりから個室ひきこもりへと進むなど「状態が悪化した」と思われるとき，③怒り，暴言，話しかけなどによって本人の困り感が表明されたときなどが挙げられます。周囲が変化を読み取る力を持って，働きかけるタイミングをつかむことが大切です。悪化したと思えるときに受診のチャンスがあることは一見逆説的ですが，何らかの支援を求めたい気持ちが表面化したものと捉えることができるのです。

　受診時には，家族のほかに，経験ある支援者，行政の保健師，精神保健福祉相談員など複数者の同行が受診を円滑に進めてくれます。危険な暴力の可能性がある場合には，警察の支援が必要になることもあります。長期・高年齢化し重篤化したケースの場合には，医師を交えての事前カンファレンスに

よって，情報と意志の統一を図ることが必要でしょう。重篤化した長期ひきこもりと統合失調症などの精神病の区別がつきにくいこともあります。統合失調症でないときは，メジャーといわれる抗精神病薬に弱い傾向があるようです。ひきこもり全体に対する公的機関の訪問や受診援助が行われるようになったことは，ひきこもり対応を通じて精神医療の質的改善が進んだことを示しています。

I　ひきこもりの精神療法

医師は，ひきこもり本人の特殊な心理状況に対して，以下のような精神療法的な配慮と工夫を行うことが効果的です。

1. 受診を歓迎する

ひきこもり本人とその家族が来院したときには，彼らは強い不安緊張状態にあります。受診に際しては，前もって「ひきこもり状態にあること」を確認しておき，初診時の外来全体に「温かい歓迎ムード」が醸し出され，一貫して，友好的に（friendly），親切に（kindly），誠実に（sincerely）に接するように配慮します。不安や緊張への配慮が不足した場合には，本人は不安を増幅させてしまい，1回だけの受診に終わることが多くなります。次回の通院につなぐための工夫として，「心理テスト」「健診」「服薬」の約束を心理士など他スタッフとも交わすことも有効といえます。

2. アイデンティティ探し（自分探し）

ひきこもり本人は，多くの場合に教育・経済システムから離脱した挫折感・罪悪感を持ち，そのトラウマが修復されないまま，「何をしていいかわからない」状態にあります。精神療法や心理療法の場では，さり気ない世間話や趣味の話を中心としながら，社会的な同一性（アイデンティティ；identity）を探ることが大きなテーマとして流れることになります。自分探しに際しては，「自分なりに上手くこなせていた時期」「好きだった事がら」などを自分史のなかから見出して，再評価することが有効といえます。

3. 失われた共同性，仲間，居場所を求めて

　親世代と違って，ひきこもり本人には地域・学校・会社での共同体体験が大幅に不足しています。居場所などでの仲間，「よそ」の家族，支援者などとの交流による新たな共同体体験を通じて，社会参加の歩みは進んでいきます。居場所と家族会と医療を同一化（All-in-One）することは，共同性を感じ取るうえで極めて効果的です。「言いっ放し・聞きっ放し」の原則で，相互批判や議論なく親世代・子世代合同のミーティングを行えた場合には，世代間の理解が大きく進展する可能性があります。どちらの世代も言いたいことを山ほど抱えていますので，ファシリテーターのもとに，議論や批判をしない原則で話し合うことが大切です。ファシリテーターは，話し合いの進行を良い結果が得られるように調整する役割を担います。

4. 「内発性」重視の動機づけ

　ネット利用はインターネット依存症の危険を有しますが，純粋性・内発性を開拓し発展させる側面もあります。また，ネットにふける理由には「他にすることがないから」ということもあり，ネットに飽き飽きして居場所に出てくるひきこもり本人もいます。ネットのオフ会から継続的な交流のみならず，自助グループや会社を創る実践も生み出されています。時代の移行期に育まれた純粋性・内発性を尊重する支援を行いたいものです。内発性への偏りすぎは，ひきこもりを生み継続させる鬼っ子ともいえますが，これからの時代精神の中核となる新しい生き方を生み出す可能性を有しています。かつて「精神療法家のもとへやってくるのは，その社会の持つ習慣的な仮面や防衛体制がもはや役立たない人たちであるが，社会では比較的感受性の豊かな，天分に恵まれた人であることが多い」[35]といわれました。これは，現在では「ひきこもり本人」に相当することが多いと思われます。その感受性と内発性は，「失われた20年」以降の若者の新しい生き方・学び方・働き方の原動力となってくれるでしょう。

5. 完全主義とマイナス思考

　統合失調症以外のひきこもり状態が，挫折感や喪失感から不安障害や抑う

つ状態を来たしていることが多いことは前述しました。不安障害や抑うつ状態の思考の特徴は「完全主義とマイナス思考」といえます。完全主義は「少しのだめ」を「全部がだめ」と見なしてしまう思考の偏りであり，「○×思考」「白黒思考」「全か無か思考」「百かゼロ思考」など多数の言葉で表現されて，多くの人が生活や成長の過程で完全主義に悩まされてきたことがわかります。「完全主義的な目標と自己中心的な考えは避けなければならない」[36]と言われています。マイナス思考では，物事の否定的側面ばかりに強迫的にとらわれ，思考が煮詰まってしまうことが繰り返され，肯定的側面は見えにくくなっています。思考することをあきらめて放置するようになると，アパシー（無気力・無感動）化，人格の固定や退行が進みます。

6. ソーシャル・スキルの停滞

　ひきこもりは，心身の活動の偏りや低下から，コミュニケーション能力，運動能力，社会性，協働能力の喪失など，ソーシャル・スキルの低下や停滞を来たしていますが，居場所でのおしゃべり，遊び，簡単なスポーツ交流などは，見失われた共同性と身体性を回復させる原動力になってくれます。居場所へは数年以上の気長な継続的参加が必要と思われます[34]。社会での労働内容は複雑化していて，「レジ打ち」などのキーボード操作が常態化し，接客労働の需要が増加しています。居場所やパソコン訓練でじっくりと基礎的な力をつけ，レジリエンス（しぶとさ，立ち直る力）を回復させつつ，面接場面に向かうのがよいといえます。

7. 観念と行動の遊離

　ひきこもりは，旧来の観念＝価値観では行動できないことを暗に示しています。心理テストにおいて，思考（言語性IQ）に比べて，行動（動作性IQ）が大幅に低いという形で示されるケースもあります。しかし，重度の精神障害以外のひきこもりは，「外に出たい」「社会に出たい」という願望を持っています。動き出すと一気に動くことがあることもわかってきました。彼らの価値観，個性，運動能力および「ためらう気持ち」に配慮しながら，動きのタイミングを捉えた支援を行いたいものです。就労に入っても，自分

の心身の調子に職場が合わせてくれる訳ではないという現実に苦しむでしょう。そんな時に，家族や支援者や専門家などが支える必要性が出てくるのです。

8. 長く，継続的に，あきらめない支援

　ひきこもりの社会参加支援には，継続的で長い時間が必要となります。家族や支援者があきらめない限り，社会参加の可能性は上昇していきます[34]。8年未満の220名のひきこもり外来参加者の統計では，経年的に就労が増加すること，就学は2年目以降のどの年度でも3割程度であること，就学・就労ともしない割合が減少することなどが示されています（図4-5）。なお，この統計では，評価しやすい就学・就労だけを社会参加として扱いました。当然ながら，就学しない形や就労しない形での社会参加もあります。女性の家事労働をどう評価するかの議論もあります。またこの統計では結婚を評価から外しています。社交不安障害などの不安障害，抑うつ状態，パーソナリティ障害などに苦しみながら，継続的な支援を受ける中で社会参加できていることは，一般的な常識と異なって，ひきこもりが希望と可能性を有することを示してくれます。

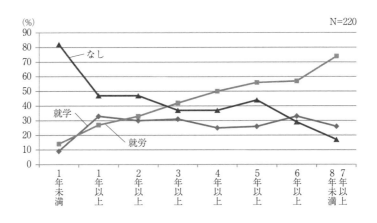

図4-5　佐潟荘ひきこもり外来220名の統計から（中垣内，2014a）

9. レジリエンスを引き出すもの・紡ぐもの

　ひきこもりからの回復に有効な精神療法に，過去志向でなく「今ここ」からスタートする「認知行動療法」, どん底の自分を認めることから始める「回復のステップ」などがあります。後者は広い意味で認知行動療法に含まれます。精神疾患や心理的課題に苦しむ多くの人に有用性を示してきたこれらの方法は，親には自分の考え方を再検討する機会を与え，ひきこもり本人には回復する力と新たな生き方を見出していく力を与えてくれます。困難な状況から立ち直り回復する力を「レジリエンス (resilience)」といいますが，奇しくも，戦後復興，震災復興の「復興」がその和訳に相当します。しかし，戦前と戦後がまったく違う社会になったように，レジリエンスは「元の世界に復する」ことではなく，自分の内面を生かした新たな心的体制を創造する過程となります。支援するもの・されるもの双方の新たな関係性，共同性が創造されていく過程は，ひきこもり本人が元々有するレジリエンスが賦活され，引き出され，発揮されていく過程となるのです。長期間放置された場合に，人生に参加する希望は摩耗し，レジリエンスは低下するでしょう。ひきこもりのレジリエンスを発揮させ，回復させることに焦点を当てた実践的活動と研究が，もっと広がることが望まれます。

10. 価値観の大きな変化を知る

　ひきこもりは高度成長・安定成長時代に支配的だった価値観の挫折といえますが，バブル経済崩壊後の「失われた20年間」にグローバル化が進行し，価値観は大きく変化しました。旧来の価値観は，心理的「重石」として，ひきこもりを固定化させ，家から出にくくしているといえます。ひきこもりが「出たい」のに「出られない」のと同じく，家族は「出したい」のに，自らの価値観のせいで「出せない」状況を招いています。親が新しい価値観を肯定できた場合には「重石を外す」ことになり，ひきこもり本人は動き出しやすくなります。グローバル化社会の「新しい価値観」の下で，ひきこもりが外に出やすい状況が到来していることを強調したいと思います。

Ⅱ　ひきこもりの薬物療法

　不安障害，抑うつ状態などの軽い精神疾患は，ひきこもりに先行する場合とひきこもりが原因になる場合とがあります。両者の区別は難しいのですが，薬物療法による対応は同一となります。

　SSRI，SNRI という抗うつ薬は，ひきこもり問題が初めて注目された時期（1998 ～ 2000 年）と軌を一にして登場しました。うつ病・うつ状態，社交不安障害などに適応症を有しますので，ひきこもり状態に伴う精神疾患とほぼ一致するのです。抗うつ薬のなかには，1 週間前後で効果が出るものもあります。現在は，1 日 1 回投与ですむ薬剤が主流となってきました。副作用には眠気，頭痛，悪心などがありますが，効果が副作用よりはるかに大きい場合には，副作用に慣れる対応を指導することもあります。

　不安障害には，SSRI に加えて抗不安薬も使用できます。抗不安薬は早期に不安感の軽減を図ることができますが，6 時間程度で効果が切れるのが特徴で，SSRI の効果が出るまでの不安を鎮めてくれる意義は大きいといえます。依存傾向を高めることなく薬物を適量に保つためには，医師・薬剤師の指導と信頼関係が必要となります。

　睡眠障害には睡眠剤を使用します。ひきこもりは昼夜逆転など睡眠リズムの障害を伴うことが多いので，生活指導に併せて睡眠剤を適宜使用します。夜型の生活を昼型の生活に変えるには時間を要します。

　イライラ感や易怒性が強い場合には，鎮静効果を有する薬物を少量から使用します。ひきこもり本人にとって薬物はほとんど初めての使用なので，少量で効果が得られることが多いといえます。

　薬物使用に当たっては，医師による効果の判定が欠かせません。家族による薬物管理が必要になる場合もあります。また本人受診のない場合の無診察投与は認められていません。薬物療法は，心理テストや身体検査とともに，継続的な通院の動機づけに利用することができます。長期化・高年齢化に伴って身体疾患の合併や栄養障害が増加しますので，今後は内科処方や訪問診療の必要性が高くなると推察されます。医学的対応には，家族や支援者が陥りやすい「精神主義」「根性論」を防ぐ効果が認められています。

Ⅲ　ひきこもりの集団療法

　ひきこもりの集団療法としては，家族を対象とする「ひきこもりからの回復・親たちの10ステップ」[37]と，ひきこもり本人を対象とする「ひきこもりからの回復・若者の10ステップ」[38]などがあります。これらはアルコール依存症の自助グループAAのステップをもとに作られており，ひきこもり本人や家族の回復のために，家族会やファシリテーターが介在したミーティングで使用することもできます。AAのミーティングのように，議論や批判のない「言いっ放し・聞きっ放し」を原則として，順番にカミングアウトするスタイルを取ります。ファシリテーターが介在して親の「振り返り」と若者の「振り返り」を同じ場で行った場合には，世代間の相互理解が進み，若者の社会参加と親の考え方や生き方が変化する可能性が大きいといえます。以下に，2つのステップを紹介します。

　【ひきこもりからの回復・親たちの10ステップ】

1. いままでのやり方ではうまくいかなかった
2. 世間体や人並みをあせって堂々巡りから深刻化した
3. 母親の過保護・過干渉と父親の妻任せ・過剰な圧力があったことに気付いた
4. 世間体を恐れることなく，問題解決のために「第三者の風」を求めた
5. 「親の会」「家族会」に参加して，安心といやしと元気を得た
6. 若者を取り巻く全体状況を把握し，親の価値観を押し付けないことにした
7. 親自身が人生を楽しむことの必要性に気づいた
8. 問題を見極め，解決可能であることを知り，一喜一憂しないことにした
9. 動き始めた息子・娘世代とともに歩むことにした
10. 回復の経験を悩み苦しむひきこもり本人や家族に伝えた

【ひきこもりからの回復・新・若者の 10 ステップ】

1. ひきこもるやり方ではどうにもならなかった
2. 重圧が和らいだことを感じ，動いてみたくなった
3. 居場所に参加した
4. 居場所を継続した
5. もはや孤独でないことに気づいた
6. 必要な場合には，カウンセリングや医療を利用した
7. 学びたい学びを学んだ
8. 居場所での交流やボランティアで身体を動かした
9. 社会参加して生きる実感を得た
10. 回復の経験を悩み苦しむひきこもり本人や家族に伝えた

文献

1) 佐藤　誠・高塚雄介・福山清蔵（1999）電話相談の実際．双葉社．
2) 村瀬嘉代子（2003）「電話相談」を連載するにあたって―電話による心理的援助の意義．臨床心理学，3-1；99-104．
3) 村瀬嘉代子（2009）対人援助の技とこころ．臨床心理学，増刊第 1 号；16-18．
4) 伊藤順一郎（2000）10 代 20 代を中心とした「ひきこもり」をめぐる地域精神保健活動のガイドライン―精神保健福祉センター・保健所・市町村でどのように対応するか・援助するか．厚生科学研究費補助金こころの健康科学研究事業（主任研究者　伊藤順一郎）地域精神保健活動における介入のあり方に関する研究．（http://www.mhlw.go.jp/topics/2003/07/tp0728-1.html ［2016 年 10 月 10 日閲覧］）
5) 津川律子（2003）電話相談におけるアセスメント―声の文脈（context）を聴き取る．臨床心理学，3（6）；875-880．金剛出版．
6) 斎藤　環（2014）「ひきこもり」救出マニュアル　理論編．筑摩書房．
7) 斎藤　環（2014）「ひきこもり」救出マニュアル　実践編．筑摩書房．
8) 自立相談支援事業従事者養成研修テキスト編集委員会編（2014）生活困窮者自立支援法自立相談支援事業従事者養成研修テキスト．中央法規出版．
9) Funakoshi A, Miyamoto Y, Shimazu A（2012）Development of a scale of difficulties experienced by parents of children with Hikikomori syndrome. Journal of Mie Prefectural College of Nursing, 15；39-55.
10) 小林清香・吉田光爾・野口博文，他（2003）「社会的ひきこもり」を抱える家族に関する実態調査．精神医学，45（7）；749-756．
11) 境　泉洋・斎藤まさ子・本間恵美子，他（2013）「引きこもり」の実態に関する調査報告書⑩―NPO 法人全国引きこもり KHJ 親の会における実態．
12) 境　泉洋（2014）認知行動療法によるひきこもりの家族支援．医学のあゆみ，250（4）；274-278．

13）齊藤万比古（2010）ひきこもりの評価・支援に関するガイドライン．厚生労働科学研究費補助金こころの健康科学研究事業「思春期のひきこもりをもたらす精神科疾患の実態把握と精神医学的治療・援助システムの構築に関する研究（主任研究者　齊藤万比古）」．p.37. http://www.ncgmkohnodai.go.jp/pdf/jidouseishin/22ncgm_hikikomori.pdf（平成27 年 9 月 3 日）

14）船越明子（2015）ひきこもり―親の歩みと子どもの変化．p109，新曜社．

15）吉田光爾・小林清香・伊藤順一郎，他（2005）公的機関における支援を受けた社会的ひきこもり事例に関する 1 年間の追跡研究から．精神医学，47（6）；655-662.

16）楢林理一郎（2001）子どもの「ひきこもり」に悩む家族への援助．（近藤直司編）ひきこもりケースの家族援助―相談・治療・予防．pp.36-40，金剛出版．

17）竹中哲夫（2012）親の高齢化・親亡き後に対応したひきこもり支援―ライフプランの構築を考える．臨床心理学研究，50（1）；80-89.

18）近藤直司（2011）ひきこもりケースの家族面接―本人に会える以前の家族支援について．精神療法，37（6）；706-710.

19）近藤直司（2007）青年期ひきこもりケースの精神医学的背景について．精神神経学雑誌，109（9）；834-843.

20）近藤直司（2001）ひきこもりケースにおける家族状況の分類と援助方針．（近藤直司編）ひきこもりケースの家族援助―相談・治療・予防．p.63，金剛出版．

21）野中俊介・境　泉洋（2015）Community Reinforcement Approach and Family Training の効果―メタ分析を用いた検討．行動療法研究，41；179-191.

22）山本　彩・室橋春光（2014）自閉症スペクトラム障害特性が背景にある（または疑われる）社会的ひきこもりへの CRAFT を応用した介入プログラム―プログラムの紹介と実施後 30 例の後方視的調査．児童青年精神医学とその近接領域，55；280-294

23）境泉　洋・平川沙織・野中俊介，他（2015）ひきこもり状態にある人の親に対する CRAFT プログラムの効果．行動療法研究，41；167-178.

24）境泉　洋・野中俊介（2013）CRAFT　ひきこもりの家族支援ワークブック．金剛出版．

25）竹中哲夫（2014）長期・年長ひきこもりと若者支援地域ネットワーク．かもがわ出版．

26）田中　敦（2014）苦労を分かち合い希望を見出すひきこもり支援―ひきこもり経験値を活かすピア・サポート．学苑社．

27）Borkman, T.（1976）Experiential knowledge : A new concept for the analysis of self-help groups Social Service Review.

28）Deegan, P.E.（1988）Recovery : The lived experience of rahabilitation. Psychosocial Rehabilitation, Journal 11（4）; 11-19.

29）Deegan, P.E.（1996）Recovery and the Conspiracy of Hope, Presented at There's a Person in Here, The Sixth Annual Mental Health Services Conference of Australia and New zealand, Brisbane, Australia.

30）厚生労働省（2015）社会的孤立に対する施策について―ひきこもり施策を中心に．ひきこもりサポーター養成研修・派遣事業【平成 25 年度〜】．

31）田中　敦監修（2015）ひきこもり地域拠点型アウトリーチ支援事業報告書．平成 25 年度独立行政法人福祉医療機.

32）田中　敦（2015）ひきこもりピア・サポーターによる手紙を活用した効果的なアウトリーチ実践研究．平成 27 年度公益財団法人日本社会福祉弘済会社会福祉助成金事業【C.

実践研究】.

33) Sunley, R. M.（1968）New dimension in reaching-out casework. Social Work, 13（2）；64-74.

34) 中垣内正和（2014a）ひきこもり外来の実践．医学のあゆみ，4；255-261.

35) Rollo May（小野泰博訳）（1970）失われし自我をもとめて．誠信書房.

36) Erikson, B.A. et.al.（浅田任子訳）（2014）ミルトン・エリクソン心理療法．春秋社.

37) 中垣内正和（2013）ひきこもりからの回復・親たちの 10 ステップ．KHJ 家族会ホームページ.

38) 中垣内正和（2014b）ひきこもりからの回復・新・若者の 10 ステップ．KHJ 家族会ホームページ.

第5章　ひきこもりへの
支援を通じた地域づくり

石川良子・川北　稔・池上正樹

キーワード：フォーマルおよびインフォーマルな社会資源，緊急的な対応，
障害や生活の相談，成年後見制度，ワンストップ窓口，多重の排除，
他機関の紹介

第1節　「ひきこもり支援」から「地域づくり」へ

　「ひきこもり支援」に取り組むうえでは「地域づくり」という視点をもつことが求められます。その理由は，ひきこもり状態が何によって助長されているのか，という観点から明らかにできます。

　ひきこもりと言っても，自宅や自室に完全に閉じこもっている人ばかりではありません。限定的であっても外に出かけたり家族以外の人と関われたりするケースは少なくありません。個人差が大きいのがひきこもりの特徴です（『自立相談支援研修テキスト』[1] p.53）。では，どのような相手や場所であれば出て行けるのでしょうか。いくつかの可能性が考えられますが，地域づくりとの関連で重要なのは，ひきこもっていることを責められないような相手や場所です。反対に，ひきこもっていることが否定される（もしくは否定的反応が予想される）ような場面は回避する傾向があるようです。また，ひきこもり状態にある人は，しばしば「仕事をしていて当然」という価値観の強い場面や，自分と同年代の人が多い場面を避けるともいわれています。

　これは，ひきこもり状態にある人自身が，誰よりもひきこもっていることを厳しく責め，恥じ入っているためだと考えられます。ひきこもり状態の特性として昼夜逆転や身辺の乱れ，被害妄想的な神経過敏などが挙げられていますが，これらもまた，ほかならぬ本人がひきこもっていることを否定して

いるからこそ生じていると見ることができます（『自立相談支援研修テキスト』[1] p.54）。たとえば，昼夜逆転してしまうのは，多くの人が通学したり働いたりしている昼間は社会活動に従事していない自分の姿が際立ち，精神的葛藤が強まるからであって，単なる生活の乱れとして捉えるのは必ずしも適切ではありません。逆に考えれば，ひきこもっていることを肯定的に捉えたり，開き直ったりできるのであれば，過度に劣等感が強まることもなく，生活の場が狭まるようなこともないかもしれません。

　しかも，ひきこもりは「甘え」や「怠け」だという見方が世間には根強くあります。そういう中で，ひきこもり状態にある人が，この社会に自分が受け入れられる余地などないとして自己否定感を深め，ますます孤立していくであろうことは想像に難くありません。このように考えると，ひきこもり状態にある人は自ら「ひきこもっている」のではなく，学校に行っていなかったり働いていなかったりすることに対する非難のまなざしによって「ひきこもらされている」と捉えることができます。個人が抱える事情がさまざまであるなかで，経済的な理由や健康上の理由だけでなく，異質な存在が排除されやすい社会や地域の風土があることも意識しなくてはなりません（『自立相談支援研修テキスト』[1] p.197）。この点において，ひきこもりは本人やその家族，支援者など一部の人々だけの問題ではなく，ひきこもり状態にある人が暮らす社会・地域に関わる問題であることが明らかになります。

　したがって，ひきこもり状態の解除を目指すならば，本人にのみアプローチするのでは不十分であり，ひきこもりに対する私たち一人ひとりの見方を変えていくことが欠かせません。そのためには学習会，講演会，研修などのイベントを企画・開催し，ひきこもり状態が長期化していくメカニズムや，ひきこもり状態にある人の心理などについて学ぶ機会を提供することが必要です。また，ひきこもり状態にある人やその家族は必ずしも目下の問題を「ひきこもり」として認識しているわけではなく，それゆえにさまざまな社会資源につながる機会を逸している可能性があります。啓発イベントの開催は，潜在的なニーズを発掘し，孤立無援の状態を変化させるきっかけにもなりえます。

　また，ひきこもりへの否定的評価や悪感情は，社会が不安定化する中で日々

の暮らしや人生を脅かされていることからくる不安によって煽られている側面があります。そうした不安に苛まれている人からすれば，ひきこもり状態にある人は家族に養われて気楽に過ごしているように見えるのでしょう。ですが，ひきこもりをいくら憎んだところで個々人の不安が消えるわけではありませんし，安全・安心な社会が実現するわけでもありません。そこで，啓発活動においてはひきこもり状態にある人への理解を深めるだけでなく，地域住民一人ひとりが自らの不安や生きづらさが何に由来しているのか見つめ，お互いの問題を共有し，安心して暮らせる社会・地域の構想につなげていく視点を持つことが重要です。

　さらに「ひきこもり支援」は，ひきこもり状態にある人だけではなく，そこに暮らす誰にとっても暮らしやすく生きやすい社会・地域を実現していく契機にもなりえます。というのも，さまざまな事情から参加の機会が狭まり，孤立している人の立場に立って，現在の社会・地域が参加しづらいところになっていないか，どうすれば参加しやすくなるのかを考えることは，排除のない地域づくりにとって非常に大切なことだからです。つまり，「ひきこもり支援」が「地域づくり」を必要とするだけでなく，「地域づくり」にとっても「ひきこもり支援」は重要な足がかりとなりうるのです。これを踏まえて，次に社会資源の“開発”と“発掘”について述べたいと思います。

第 2 節　社会資源の“開発”と“発掘”

　ひきこもり状態から一歩踏み出すべく行動を起こそうとしたとき，一足飛びに就労や就学を目指すのではなく，まずはひきこもっていることがそのまま認められるような場に足を運び，自尊心や生きる意欲を徐々に高めることを優先したほうがいい場合があります。その際に大きな役割を果たすのが，居場所やピア・サポートなどです（第 4 章第 6 節と第 7 節を参照）。地域にそうした団体や活動が手薄であれば，新たに立ち上げる好機と考えることもできます。ひきこもり支援の居場所は，はじめから常設の拠点があるわけではなく，多くはボランティアセンターの会議室などを借り，少人数の会合を開くなどの形でスタートしてきました。

　そのようにしてひきこもり状態の人の孤立を和らげる社会資源を開発することは，悩みを打ち明けやすい地域づくりや，地域に潜在する課題の発見に結びつきます。孤立していた人が集まれる機会をつくり，緩やかな社会参加の場面を豊富にすることは，新たに「そういう場なら参加してみたい」という本人を誘うきっかけになると同時に，潜在化していた本人のニーズに光を当てる機会を増やすことにもなるでしょう。それは，セーフティネットを何重にも広げるという意味で，生活困窮者支援の本来の目的にかなった活動といえます（『自立相談支援研修テキスト』[1] p.44 参照）。

　たとえばコミュニティ・カフェは，飲食の提供を中心にしながらも，営利だけを目的とする喫茶店やレストランとは異なり，人が集まり，つながることを目指した場所です。福祉や文化，芸術に関する情報を集めて提供したり，参加者が製作した作品を展示・販売したり，学習会や発表会を行ったりするなど，その活動内容はさまざまです。ここに「常連」のような人が集まることで，さまざまな情報を早めにキャッチする場所になることも期待できます。地域で困っている人，気になる人について気づいた人が，コミュニティのたまり場に情報を持ち込んで，専門の窓口につなげることも期待できます。そこは助けられていた人が助ける側に回るなど，地域の人が役割を得ることもできる場所です。

　また，社会資源は支援員のみが活用するものではなく，本人が主体的かつ選択的に活用していくものと位置づけられます（『自立相談支援研修テキスト』[1] p.186 参照）。支援を受ける本人からみて，生きていくために使える制度や，参加できる場所は社会資源の一つといえます。しかし，それらは支援員にとっては見えにくく，思いもよらない種類のものかもしれません。たとえば新しく開店したラーメン屋や，品揃えが良い古書店などです。就労や教育を通じて社会参加していない状況でも快適に暮らすための術や情報，知識を蓄積している人はたくさんいます。こうした人は，他の人にとっても魅力的な知識や情報を持っているといえます。それらを知っていることで居場所の行き帰りにもう一つの楽しみを見つけたり，ひいては特定の地域の魅力を再発見したりすることも可能になります。

　支援者は，そうした情報や知識を持つ人の存在に気づいたり，互いに結び

つけたりすることで，資源を利用できる人を増やすと同時に，これまで埋もれていた地域資源に光を当てる役割を果たすことができます。これは要するに，社会資源の"開発"とともに"発掘"も進めるということです。こうして開発／発掘された場には，従来「支援」や「相談」は敷居が高いと思って近づきにくかった人も，訪れることができるかもしれません。

　社会資源の開発と発掘の双方において大事なのは，ひきこもり状態にある人自身が出て行きたい，出て行ってもいいと思えるような魅力を備えているかどうかということです。相談者との気長な対話を通して，「きっと自分にとって魅力的な場があるはずだ」という可能性を感じてもらうことも支援者には求められます。ですが，それ以上に大事なのは，どういうところが魅力的なのかは，本人をさしおいて周りが決めることではない，ということです。したがって，色合いの違うところを複数作り出し，見つけていくことも極めて重要になります。たまたま行ってみたところがしっくりこなかったとしても，ほかに相性の良さそうなところを紹介できたり，あるいは本人が焦らずじっくり探せたりするだけの選択肢があれば，さほど深刻な事態に陥らずにすむのではないでしょうか。

　加えて，そのような選択肢は「ひきこもり支援」という枠組みにこだわらなくても用意できることを，指摘しておきたいと思います。「ひきこもり支援」という枠組みを外して地域を，眺めてみると，居場所やコミュニティ・カフェと同じような役割を果たしているところが案外多く見つかるのではないでしょうか（たとえば趣味・ボランティアのサークル，個人経営の飲食店や古書店など）。むしろ支援を目的としていない場のほうが，本人もひきこもり状態にあることを強く意識せず気楽に過ごせたり，視野が広がったりするかもしれません。一方，その場にいる人にとっても，ひきこもり状態にある人との出会いは何がしかの気づきを得るチャンスになるかもしれません。また，今の社会はひきこもりに対する否定的評価が支配的であるという前提で書き進めてきましたが，実際にはひきこもりを否定もしなければ肯定もしない，要はひきこもりを特別視しないような場や人も存在します。

　いずれにしても大切なのは，ひきこもり状態にある人も，そうでない人も，もちろん支援者自身も含めて，誰もが何らかの事情や苦しみを抱えているこ

とを，お互いに了解することです。その中身は人それぞれでも，何かを抱え
ているという点では誰もが「対等」だといえます。そこに上下関係や優劣関
係はありません。多様な価値観，多様な生き方があることを互いに認め，学
び合えるような関係性を地域に育んでいくこと，これこそが広い意味での「ひ
きこもり支援」ではないでしょうか。そして，それは同時に排除のない豊か
な地域をつくりあげていく取り組みでもあるはずです。

第3節　既存の社会資源の活用

　一般に，生活困窮者が抱える複合的な困りごとを解決するために，フォー
マルおよびインフォーマルな社会資源の柔軟な活用が求められています（「社
会資源とは，生活困窮者支援のために用いられる制度や機関，人材，資金の
ほか，技術や知識などのすべてを総称する概念」です[1]。

　ひきこもり状態の人や家族については，対応に緊急を要する場合の制度の
活用と，生活や就労の支援における緩やかなネットワークづくりに分けて考
えるとよいでしょう。

　以下の部分で制度に関する紹介は，内閣府子ども若者・子育て施策総合推
進室による『ひきこもり支援者読本』[2]に依拠しますが，法律の改正などに
よる変化を反映して内容を補足しています。法律や制度についての最新の事
情は，関係窓口などにご確認ください。

Ⅰ　緊急的な対応

　ひきこもりの対応において，基本的には時間をかけて変化を待つ姿勢が求
められますが，家族や本人が早期の解決を要するような困りごとを抱えてい
る場合もあります。そうした対応の「限界設定」として「お金，寿命，暴力」
の問題などが挙げられています[3]。ひきこもり状態自体の対応の前に，最低
限度の生活を確保し，また生命に関わる危険に対処し，本人や周囲の安心感
を保障することが先決になります。

1. お　金

　経済的な困窮については，さまざまな要件を満たすことで年金や給付金を受給できる制度があります[2]。

生活保護　生活に困窮する日本国民で，その者が利用し得る現金を含む資産，稼働能力その他あらゆるものを生活費に充当しても，なお最低限度の生活が維持できない場合に利用できる。生活保護制度は，最終的なセーフティネットの役割を果たす[2]。

障害基礎年金　被保険者であるときに初診日のある傷病により，その初診日より1年6カ月を経過した日（その日までに症状が固定した場合は，障害認定日）に一定の障害の常態に該当し，かつ一定の保険料納付要件を満たしているときに受給できる（保険料納付要件は，保険料納付期間が加入期間の3分の2以上あること）。

生活福祉資金制度　低所得者，障害者（身体障害者，知的障害者，精神障害者）または高齢者に対して，その経済的自立及び生活意欲の助長促進並びに在宅福祉及び社会参加の促進を図り，安定した生活を送れるようにするために資金の貸付けと必要な相談支援を行うことを目的とする。

---

2. 高齢化

　高齢化した家族を支えるために活用できる制度があります[2]。

老齢基礎年金　20歳から60歳までの年金被保険者期間が10年間以上あることで65歳になったときに支給される。保険料の支払いが困難な場合は法定免除などの制度がある。

> **介護保険制度**　加齢に伴って生じる心身の変化に起因する疾病等により要介護状態となり，入浴・排泄・食事等の介護，機能訓練及び看護並びに療養上の管理その他の医療を要する者が尊厳を保持し，その有する能力に応じ自立した日常生活を営むことができるように必要な保健医療サービス及び福祉サービスの給付を行うことを目的とした制度。被保険者は，①第1号被保険者：市町村に住所を有する65歳以上の者，②第2号被保険者：市町村に住所を有する40歳以上65歳未満の医療保険加入者となっている者（脳血管障害などの加齢に伴って生じる心身の変化に起因する疾病＝特定疾病が原因になっているものに限定される）。保険給付の要件は「要介護状態」又は「要支援状態」であり，市町村が認定することになっている。

　不幸にして両親が亡くなったとき，本人が生きていくための対策として，成年後見制度の利用やライフプランの立案が提案されています[2]。成年後見制度には法定後見制度と任意後見制度があり，このうち任意後見制度は，本人に判断力があるうちから利用できるものです。将来本人の判断能力が低下した場合，任意後見人に資金管理などのサポートをしてもらいます。具体的には，年金や預貯金の管理，生活費の送金や物品の購入，入院や介護サービスの手続及びその支払，税金や公共料金の支払，不動産の管理などがあります。

3. 暴力について

　ひきこもり状態の約1〜2割に慢性の家庭内暴力が伴うともいわれています。斎藤は，家庭内暴力と向き合う際に最も重要なのは，「暴力の拒否」という基本姿勢を徹底し，「開示・通報・避難」を基本方針として臨むことだと述べています[3]。暴力が慢性化するメカニズムの一つに「密室化」があるため，問題を外部へと「開示」するためにも，「暴力が起きたら通報する」ことを予告しておき，起きたらその通り実行するという姿勢が要請されます。また暴力の対象である家族の一時避難も有効です。

　暴力の背景に精神障害の存在があり，治療への抵抗が強い場合などには危

機介入としての精神科受診と，入院治療も選択肢として検討されるべきだと
されています。厚生労働省によるひきこもりの評価支援に関するガイドライ
ンでは，自傷他害の恐れが高い場合に関して，精神保健福祉法による措置入
院，医療保護入院の制度を紹介しています[4]。

Ⅱ　障害や生活の相談に関わる支援

1．障害に関する制度

　障害に関する制度を利用するには，障害認定があることが要件とされてい
ることが多くあります。具体的には，身体障害者手帳，療育手帳，精神障害者
保健福祉手帳などです。これらの手帳を所持するには，専門医による障害認定
の医学的判断とその医学的判断を行政庁が認定することが求められます[5]。

障害者総合支援法　地域社会における共生の実現に向けて，障害福祉
サービスの充実等障害者の日常生活及び社会生活を総合的に支援するた
め，新たな障害福祉施策を講ずることを目的として，障害者自立支援法
を改正する形で創設された。「障害者及び障害児が基本的人権を享有す
る個人としての尊厳にふさわしい日常生活又は社会生活を営む」ことを
目的とし，「地域生活支援事業」による支援を含めた総合的な支援を行
うことを明記した。

　障害者を対象としたサービスは，「自立支援給付」（「自立支援医療」
や「訓練等給付」を含む），「地域生活支援事業」などに分かれている。

自立支援医療　心身の障害を除去・軽減するための医療について，医療
費の自己負担額を軽減する公費負担医療制度。①精神通院医療，②更生
医療，③育成医療の3種類がある。①は，精神保健福祉法第5条に規定
する統合失調症などの精神疾患を有する者で，通院による精神医療を継
続的に要する者が対象。②は，身体障害者福祉法に基づき身体障害者手
帳の交付を受けた者で，その障害を除去・軽減する手術等の治療により
確実に効果が期待できる者（18歳以上）が対象。③は，身体に障害を

有する児童で，その障害を除去・軽減する手術等の治療により確実に効果が期待できる者が対象（18歳未満）。

地域生活支援事業　障害のある人が，基本的人権を享有する個人としての尊厳にふさわしい日常生活又は社会生活を営むことができるよう，住民に最も身近な市町村を中心として事業を実施する。事業の内容には，理解促進研修・啓発，自発的活動支援，相談支援，成年後見制度利用支援，成年後見制度法人後見支援，意思疎通支援，日常生活用具給付等，移動支援，地域活動支援センターなどがある。

2. 障害と就労に関する支援

　ひきこもり状態にあった人が就労する場合の支援については第6章で触れますが，精神障害や知的障害，あるいは発達障害の診断がつく場合には，精神障害者保健福祉手帳か療育手帳を取得し，ハローワーク（特別支援部門），障害者職業センター，障害者就労支援センター，障害者就業・生活支援センターなどで支援を受ける選択肢もあります[4]。これらの窓口では，必ずしも障害者としての事情をオープンにした就業を前提にせずとも，相談や訓練のために利用できることがあります。

　障害者総合支援法の「訓練等給付」には「就労移行支援」「就労継続支援」が含まれます[5]。

就労移行支援　一般企業等への就労を希望する人に，一定期間，就労に必要な知識及び能力の向上のために必要な訓練を行う。

就労継続支援　一般企業等での就労が困難な人に，一定期間，就労に必要な知識及び能力の向上のために必要な訓練を行う。雇用契約を結ぶA型と，雇用契約を結ばないB型がある。

3. さまざまなサービスを使いこなすための相談

　相談することが苦手であったり困りごとが複合的だったりする場合には，総合的な相談窓口で，悩みの内容や受けられるサービスについてじっくり解きほぐすことが必要になります。ひきこもり状態にある人の場合，すぐに就労支援の場に参加することが難しかったり，従来の福祉サービスと自分の状態との間に距離があり，利用できるサービスが見つからなかったりすることが多いといえます。自立支援相談支援のように，さまざまな困りごとを受け付ける総合的な窓口は，そのように「どこに行ってよいのかわからない」という対象者にとって有益な場になることが望まれるでしょう（「第5節『たらいまわし』を防ぐネットワークの運用」も参照）。

　ある地方都市のひきこもり支援ガイドマップでは，「さまざまなサービスを使いこなす支援」として，下記のような窓口も紹介されています[5]～[7]。

発達障害者支援センター　平成16年12月に公布された「発達障害者支援法」に基づき都道府県が設置しており，発達障害児・者にさまざまな支援を提供する。

教育相談所（室）　都道府県には教育相談所が設置され，不登校，いじめ，体罰，心理的な問題など，さまざまな教育の問題について相談を受けている。また区市町村にも教育相談所がある。

児童相談所　0歳から18歳未満の子どもの成長に伴って生じるさまざまな問題に対し，健全な児童育成と権利擁護を促進する視点で児童福祉法により設置された機関。

基幹相談支援センター　障害者総合支援法において，地域における相談支援の中核的な役割を担うため，市町村が設置できる機関として位置づけられている。

---

4. ピア・サポートと居場所の役割

　ひきこもりに関する悩みは，数回の相談で解決するものではないことが多く，そうした状況が続けば本人や家族が停滞感や孤立感を強めてしまいかねません。そのため，同じ悩みをもつ本人や家族たち同士の支えあいによって，互いを力づけたり，問題への対応の方法を学んだりすることが，長期にわたり問題に取り組むうえで重要といえます。厚生労働省はひきこもり支援の一環としてピアサポーターを養成しています（第4章第7節を参照）。ピアサポーターとしての活動は，本人や家族が役割を獲得し，自信や意欲を育てることにもつながります。

　また居場所は，食事会や学習会，ワークショップ，行事など多彩な活動を参加者に合わせて実施しています。これらの活動は，参加者の孤立感を和らげたり，社会参加の場面を徐々に増やしたりすることに役立ちます（第4章第6節も参照）。

　狭義の福祉サービス受給や相談だけでなく，これらの社会資源を活用することは，特にひきこもり状態の人の支援においては重要な位置を占めています。民間のひきこもり支援団体（NPO法人など）が，どのような活動を実施しているかを把握しておく必要があるでしょう。精神科のデイケア，地域活動支援センターも，居場所的な役割を果たしています[5),6)]。

地域活動支援センター　障害者総合支援法の「地域生活支援事業」に位置づけられており，創作的活動又は生産活動の機会の提供，社会との交流の促進等を行う施設。

表 5-1　生活困窮者支援において考えられる社会資源の一例 [1), 2), 5) 〜 8)]

分野	具体的な支援の例	社会資源の一例
福祉相談窓口	・各種支援制度の相談 ・年金や障害者手帳などの各種申請	・市町村窓口
	・生活保護の開始申請	・福祉事務所
	・日常生活自立支援事業，生活福祉資金貸付ボランティア活動支援	・社会福祉協議会
仕事	・求職者支援制度，求人情報紹介・マッチング，就職相談，職業訓練，就労の場の提供	・ハローワーク，地域若者サポートステーション，障害者職業センター，職業訓練機関，就労支援を行う各種法人・団体（中間的就労を含む）
家計	・多重債務等の問題解決，家計見直しによる生活再建支援	・消費生活センター，法テラス，弁護士会や司法書士会（相談会等）
経済	・就労の場の提供，職業体験，インターンシップ	・企業，商工会，商店街振興組合 ・農業者，農業団体
医療，健康	・健康課題の把握解決，医療の提供	・保健所，診療所，病院
高齢	・高齢者の相談支援，各種介護サービスの利用	・地域包括支援センター ・居宅介護支援事業所
障害	・障害者福祉サービス，地域生活支援事業の利用支援，生活又は就労に関する相談	・障害者相談支援事業所，障害者就業・生活支援センター，発達障害者支援センター
子育て支援	・子育て，虐待やDVなどの相談支援，不登校などの相談支援 ・学習支援，居場所づくり	・児童相談所，家庭児童相談室，児童家庭支援センター ・DV相談支援センター，婦人相談所

教育	・学校中退者などへの連携支援	・学校，教育委員会，教育相談所（室） ・フリースクール
警察・司法	・矯正，更生相談等	・保護観察所，少年鑑別所（一般相談），少年サポートセンター
形余者	・自立更生のための相談支援（生活基盤の確保，社会復帰・自立支援など）	・更生保護施設，自立支援ホーム，地域定着支援センター
ホームレス	・居住，健康，就労など生活万般の相談支援	・ホームレス自立支援センター，緊急一時宿泊所，ホームレス支援団体
ニート，ひきこもり	・日常生活や社会生活への自立支援，就労支援	・地域若者サポートステーション，ひきこもり地域支援センター
	・居場所の提供	・NPO などによるフリースペース
	・ピア・サポートの提供（本人，家族）	・自助グループ，家族会

第4節　包括型支援の接点としてのメディアの活用

　情報は，社会からの関係性が閉ざされた状況にあるひきこもり本人や家族にとって，これから生きていくうえでも必要不可欠なツールです。

　これまで，ひきこもり経験者主体のコミュニティの場やメール上での本人たちとのやりとりなどを通してわかってきたことは，長年閉ざされた世界の中にいる人たちにとって，親や専門家，支援団体などを通じてもたらされる特定の利害に通じる一方的な情報や誰かの希望的観測に比べ，より客観的なファクトを伝える報道目的のメディアの情報を信用する傾向があるように思えます。そして，より客観的と思われるメディアの情報が，ひきこもってきた本人たちの心を揺り動かし，ある日，自らの意思で動き出そうと思い立つ，きっかけにもなり得るということです。

　では，どのような情報が，生きる意義や意欲を失ったような状況にある本

人たちの心に届くのでしょうか。

　面会できないケースも含め，ひきこもり本人たちとやりとりして感じるのは，「どこにも行き場がない」「周囲（世間）の視線が気になる」「何もない自分を表現できない」「将来が見えない」などと，よく訴えていることです。とくに地方の小さなコミュニティでは，「外を歩くだけで，不審者扱いされて怖い」と脅える人たちも多く見られます。

　外の社会に，自分の思いを受け止めてくれる，自分の存在を認めて理解してくれる人たちがいないため，かつての友人や同級生，同僚だった人たちとの人脈がだんだんと途切れて，情報も入らなくなっています。

　ひきこもり本人たちに見られる背景は，千人千様で一律ではありません。ただ，共通する傾向があるとすれば，研ぎ澄まされた感受性を持ち，カンがいいために，人一倍，周囲の気持ちがわかり過ぎてしまう点が挙げられます。それだけに，他人に迷惑をかけたくないからと，自分の望みを言い出せず，逆に相手に頼まれると断わることができなくて，相手を気遣いし過ぎて疲れてしまうのです。そして，自分さえ我慢すれば，すべて丸く収まるからと納得のできない思いを封じ込めて，社会から撤退していく，真面目な優しい心の持ち主という像が浮かんでくるのです。

　ただし，精神疾患や発達障害の疑いがある人たちの中には一部，周囲の空気が読めないなどの対極的な理由で，周囲から孤立することを余儀なくされ，ひきこもらざるを得なくなることもあります。

　深刻なのは，誰にも本当の思いを打ち明けられず，助けも求めることができないまま，あるいは「家の恥だから」「近隣に知られたくないから」などと考える家族に隠されるがゆえに，ますます地域の中に埋もれていくことです。そして，生きるためのノウハウや情報もわからないまま長期化・高年齢化していくことで，地域として向き合うべき課題が見えなくなっていくことにあります。

　ひきこもり本人たちにとっては，こんな自分でも役に立つことができたり，価値を認めてもらえたり，多様な関係性がつくれたりする安心できるコミュニティの情報に接するだけでも，将来の道筋が見えてきて，希望を感じることができるのです。実際，自分と同じような状況で苦しんできた人が社会で

関係性を作り活動していく背中を見て，長年ひきこもり状態にあった人たちもまた，彼らの後を追うように自らの意思と判断で動き出したような事例が数多く起こっているのです。

2013年，ひきこもり経験者である「とらさん」（当時30代半ば・ペンネーム）の発案で始まった「ひきこもり大学」という当事者が社会に発信していくためのピア活動は，またたくまに各地の当事者たちの間に普及していきました。

ひきこもり大学とは，不登校やひきこもり状態にある／あったことのある人が講師となり，「ひきこもり」体験を通じた見識や知恵，メッセージなどを，関心のある人たちに向けて講義するものです。そもそもの発案者の思いは，「空白の期間」などとネガティブに受け止められがちな「ひきこもり」という状態像に，当事者ならではの捉え方を共有することを通じて「ひきこもり」期間を通じて得たものへの価値を見出し，さまざまなネガティブな誤解を解いていくことにありました。

当初，ひきこもり大学のアイデアは，「ひきこもりが問題にならない社会の実現」を掲げて多様な人たちが集まる対話の場「ひきこもりフューチャーセッション庵 – IORI –」（2012年7月にスタート）の中で，当事者を主体に構想が練られ，ネットメディアであるダイヤモンド・オンラインの記事で紹介されると，読者から大きな反響が寄せられました。中でも，「ひきこもり大学に参加したい」「そこには行かれないけど，希望を感じる」などと最も反応したのが，これまでは水面下にいて姿の見えなかったひきこもり本人や経験者たちだったのです。

そうしたひきこもり本人たちの反響や期待に突き上げられるようにして，2013年8月，「ひきこもり大学」は，とらさんともう一人の当事者を講師にしてテスト実施されました。以来，ネットの記事を見て初めて社会に出てきたような人たちも続々と受講するようになり，趣旨に賛同した当事者たちが自ら仲間を募ることで，「ひきこもり大学」などのイベントは各地で独自に催されるようになりました。

すでに，このような本人を主体に一般の参加者も混じってグループトークするという理念は，2001年頃から行われている「ひきこもりについて考え

る会」「新ひきこもりについて考える会」などの場で脈々と受け継がれてきています。また，Facebook のような SNS では，ひきこもり本人たちが安心して交流できる巨大な "居場所" が，ネット上には誕生していました。ひきこもり本人たちが共同運営する『ひきこもり状態に関係ある人（当事者，元当事者，経験者 etc）がシェアしたり報告したりつながったり会ったり募集したり声かけあったり etc するグループ』とネーミングされた非公開の Facebook グループには，2017 年 8 月現在，全国から 900 人以上が参加し，「ひきこもり大学」のようなさまざまな当事者活動や支援のあり方などの情報交換，あるいは評判について語り合ってきました。

　「ひきこもり大学」の評判が，こうしてネットなどに広がると，情報は既存のメディアにもつながっていきます。やがて NHK や共同通信，読売新聞などのマスメディアから取材依頼が相次いだのを機に，デモンストレーション的な公開イベントが開かれ，そうした動きがマスメディアを通じて伝えられると，今度はネットのできない本人や家族が新たに参加して来るという掘り起こし効果を生むことができました。

　これまで思いを封じ込めてきたひきこもり本人が，生の声で社会に向けて自由に発信するということは，メディア側にとっても，その一言一言がニュースバリューの重みを持ち始めます。メディアを動かしたのは，そうした口コミやネット上の評判，本人たちが潜在的に持っている価値にあったのです。

　もちろんメディア取材が入る場合は，撮影や取材を気にする本人や家族の参加者の不安を配慮する必要があります。前方席や会場の片隅に撮影 OK ゾーンを設けた上，取材撮影 NG 者を前から見ても後ろから見てもわかりやすくするため，たすき掛けのように赤い紐をかけるアイデアも，参加者たちによって編み出されたものでした。

　とはいえ，メディアの取材，とくにテレビカメラが入っているだけで，本人たちにとっては安心できない場になりかねません。そこで，取材を認める場合でも，まず参加者として一緒に参加してもらい，取材者がどこまで丁寧に関係性を築けているかどうかを見て，スタッフの合意を得るというプロセスを踏むことが求められます。

　とくにテレビ番組の場合，どうしても絵が重要になるため，極端なシーン

の撮影を要求され，結論に導くための感動的ストーリーに落とし込もうとする強引な取材により，協力してくれた本人や家族を傷つける場面も見受けられます。引き受ける前に，取材の狙いや取材者個人の意識や姿勢などを確認し，慎重に対応する必要があります。

2015 年度に入ると，「KHJ 家族会」は，日本財団の助成事業として，「ひきこもり大学 KHJ 全国キャラバン」を家族会支部のある全国 21 カ所で展開しました。

各地での開催に先立ち，家族会本部では，キャラバンのチラシとプレスリリースを作り，地域のメディアに働きかけました。その結果，地域のメディアが前打ち記事を出してくれたおかげで，キャラバンでは，これまでの家族会のテコ入れにとどまらず，新たな家族や本人，埋もれていた地域の社会資源を持つ人たちも参加して関係性を築いていく，掘り起こしにもつながったのです。

ふだん，なかなか「ひきこもり大学」を開けないような地方でも，日本財団の助成を受けて開催できたことは，地域に住む本人や家族から「ありがたい」と感謝される機会となりましたし，地域で多様な参加者が関係性を作るプラットフォームの場にもなったようです。その新たなひきこもり本人と社会参加の関係を作る橋渡しをしてくれたのが，まさに地域のメディアでした。そして，こうした社会への発信を通して，孤立するひきこもり状態の人たちに対する一般の理解者を少しでも増やしていくことが，「支援」と言われるだけで身構えてしまいがちな本人たちの「見えない障壁」を取り除くためのカギを握っているように思います。

2015 年 11 月には，全国のひきこもり本人や経験者，家族，支援者，関心のある一般の人を対象にした「交流会」（KHJ 家族会主催・「庵」協力）が，東京・虎ノ門の日本財団で開かれました。「ひきこもり」をキーワードにした全国交流会は，支援者主体では行われているものの，本人が主体になってアイデアを練り，フラットな関係性の出会いの場を社会に呼びかけるのは初めての試みでした。

このときも，主催者の KHJ 家族会が，ライターの仕事をしている「庵」運営メンバーのアドバイスを受け，そのまま記事に使えるようなプレスリ

リースをつくってメディアに送ったところ，大手新聞を中心に大きく掲載されました。その結果，当日は受付で「当事者（本人）」と申告のあった参加者だけでも 50 人を超え，各地で開催してきた「ひきこもり大学 KHJ 全国キャラバン」の当事者講師 12 人も含め，全国から 180 人余りが会に参加したのです。

　メディアの記者からすれば，「告知記事を書いてほしい」と依頼されるだけでは，主催者の思惑に利用されることに対する警戒感や抵抗感も働いて，なかなか記事化に気が進まないことも少なくありません。しかし，こうしたイベントを仕掛けて，地域に埋もれて姿の見えない本人や家族の元に，「社会との関係性を安心して構築できる場があるという情報を届けたいんだ」といった思いや熱意を伝えれば，感度のいい記者なら，必ず反応してくれると思います。

　地方紙の果たす役割も，これからますます重要になりつつあります。たとえば，KHJ 家族会の支部も，「ひきこもり当事者会」も居場所もほとんどなく "ひきこもり対策後進県" といわれてきた山梨県が，わずか 1 年で大きく様変わりしようとしています。その背景には，山梨県で圧倒的な新聞購読率を誇る山梨日日新聞の存在がありました。同紙を発行する山梨日日新聞社は，2014 年 8 月から「ひきこもり」を題材にした連載「山梨発　ひきこもりを考える～扉の向こうへ」をスタートさせました。この間，地域に埋もれていた数多くの本人や家族が出てきて，多様な人たちとの関係性をつくりだし，仲間たちとのコミュニティ活動も同時多発的に動き出すなど，地域の活性化につながるさまざまな波及効果をもたらしています。「扉の向こうへ」取材班は，そんな 1 年近くにわたる連載記事を冊子にもまとめて配布していました。

　「扉の向こうへ」取材班に関わった記者は，延べ 6 人。連載は第 9 部まで続き，プロローグとエピローグを入れると計 67 回で，アンケートやグラフィック，ストレートニュースなども含めると，出稿記事は約 130 本に上ります。第 9 部まで続いた連載は，2015 年 6 月で区切りをつけて終了したものの，取材班の高橋一永担当デスクによると，「これで終わりになるの？」「もう取材しないんですか？」などの問い合わせが相次いでいるといいます。

　連載のきっかけは，通年企画の取材班の打ち合わせから生まれました。高橋担当デスクは，こう述べています。

　　「隣の息子さん，東京から帰ってきたはずなのに，最近見ないよねとか，あの家の娘さん，実家に戻ってきたはずなのに姿を見ないよねとか，取材先で，そんな話をチラホラ聞くようになったんです。ひきこもりというのは，社会のあらゆる問題と地下でつながっているのではないか。ひきこもりは目に見えなくなって，地域に埋もれてしまい，声も上げられない。声なき声を拾い上げるのが新聞の役割。突っ込んで取材してみないか。そう編集局長からの提案もあって，メンバー一同でやってみようということになりました」。（ダイヤモンド・オンライン 2015 年 7 月 30 日付「山梨を引きこもり対策県にした地方紙の本気記事」より）

　一般的に記者は，目に見える現象であればわかりやすいから，記事にもしやすくなります。しかし，新聞記者の仕事は，目に見えない課題を掘り起こして，社会や読者に問うことです。取材を尽くして紙面に表すのが，新聞の役割なのではないかという原点に立ち返ろうというのが，始まりだったのです。

　「ひきこもり」は，全国どこにでもある課題や現象ではあるものの，地域性の強い所では，家族が声を上げられない現実もあります。そんな中で，地方紙の果たす役割があるのではないでしょうか。

　2015 年 6 月 8 日付の紙面には，こんな象徴的なシーンが紹介されています。

　　〈「他人からは無駄に見える時間も，決して無駄ではない」
　　ひきこもり大学に出会い，胸に不安を抱えながら参加したリュウさん（25 歳）は，とつとつと過去を語るそんな講師の言葉に，心が震えた。〉
　　〈いつか自分もあの人と「同じ場所」に行きたいと思った〉

　まさに「経験を価値に変えたい」と，ひきこもり大学を発案し，動き出した本人たちの思いや概念が，そこにあります。

　ひきこもり本人たちが長い間，否定的に思ってきた"空白の履歴"の価値観を肯定していいんだよと思えるような社会になれば，外に出て行きやすくなるし，自信も持てます。そして，ようやく県も動きだしました。

　山梨県が各市町村と連携して，ひきこもり対策に取り組む「ひきこもり支援連絡会議」を発足。本人も含めた家族会など83団体の組織が生まれ，横の連携をとることになったのです。

　遅ればせながら，「ひきこもり地域支援センター」も開設されることが決まりました。これまで，県内のすべての自治体が「ひきこもり実態調査」をしたことがなく，ひきこもりに特化した支援策もなかった"後進県"だったことを考えると，大きな変化でした。

　高橋担当デスクは，こう話しています。

　　「山梨では，民の動きが加速度的に広がっている感じがします。行政
　　もようやく動き出したということも，評価できるところだと思います。
　　ただ，これから実効性のある施策に結びつくのかをチェックして，今後，
　　自治体でしかできない施策を推進して行けるよう，郷土の新聞としての
　　役割を果たしていきたいと思っています」。（ダイヤモンド・オンライン
　　同日付より）

　典型的な過疎地だった秋田県藤里町社会福祉協議会の「ひきこもり施策」は，本人たちの居場所や仕事を創り出すことで掘り起こしにつながり，いまや自治体のモデル事業として，すっかり有名になりました。しかし，藤里町の社協がこうして全国区になったのも，実は陽の当たらないときから秋田県の地域の新聞である「秋田魁新報」が，連載を組んで社協の取り組みに伴走してきたことにあります。

　そんなメディアを育てていくこともまた，地域でしかできない役割です。地域の人たちがみんなで地域の課題に向き合って，東京などの中央に頼ることなく，新しい時代に即した地域をつくることが求められています。

　前述した2015年11月の全国当事者交流会で，取材班の一人である山梨日日新聞の清水悠希記者は，最後にこう挨拶しました。

　「みなさんの声を聞くことができて，初めて記事にできます。連載は終わりではありません。だから今日も皆さんの声を聞きに来て，現場で対話が生まれる空気を感じました。これからも山梨で追い続けていきたいと思います」。

　山梨県では元々，あるひきこもり本人の「庵みたいな場をつくりたい」という思いから始まり，家族会が発足し，民間の人たちや大学の教員らが反応。地域のメディアである山梨日日新聞の記者が，そんな熱意を持った民と官の個人を紹介し合ってつないでいく役割を果たしたのです。そのうねりが，やがて行政を突き動かすという好循環を生み出しました。

　忘れていけないのは，おそるおそる勇気を出して来てくれた人たちの背後には，たくさんの姿の見えない人たちがいるということです。でも，こうして目の前で起きているのは，つながれる本人たちからまず似たような経験をしてきた仲間とつながっていき，お互いに助けあったりしながら元気になっていく。点を変えようと迫るのではなく，線を別の点につなげるだけで蘇っていく"変化"でした。

　多くの本人たちが求めているのは，「ひきこもり」という閉ざされた領域の上下の関係性ではなく，社会にいる人たちとのフラットなつながりであり，そうした多様な人たちとの出会いをつなげてくれるファシリテーター的な人たちの存在です。ひきこもり経験者だけでなく，メディアの人であっても，本人の気持ちを理解できる客観的な人であれば，そうした仲介者の役割を担うことができることを山梨の実例が物語っています。

　見えない相手に，誰が，どのようにして呼びかけていくのか。そんな答えのない課題に向きあうには，地域の中で感度のいいメディアの人たちも一緒に巻き込んで，「ひきこもり」に対する社会の偏見の水位を下げるためのコミュニティの場づくりや，どのような未来をつくり出せばいいのかを考えていくことが大事です。そして，本人が前向きな気持ちになれば，動き出そうと思えるようになるのではないでしょうか。

第5節　「たらいまわし」を防ぐネットワークの運用

　「縦割り行政」といわれるように，支援を受ける人が自分の目的をかなえるために，いろいろな窓口を転々としなくてはいけないことが少なくありません。ワンストップ窓口の考え方は，一カ所の窓口で，まずは複合的な問題を解きほぐし，これからの相談の目的を明確にしたり，優先順位を立てたりするために提案されてきました。生活困窮者の相談窓口も同様です。

　生活困窮者は，相談の場に訪れる前にいくつもの課題に追い詰められていることが珍しくありません。たとえば「食べるものがない」という相談の陰には，就職の失敗や離職，心身の不調，家族との不和など人間関係の途絶，借金などの問題が隠れているかもしれません。相談者の側も「いったい何から話せばいいのか」と思ってしまうことでしょう。

　別の角度からみると，相談者は相談の場に現れるまでに，何重もの「排除」を経験しています。上で挙げたように職場や家族からの排除。また福祉制度からの排除，教育の場からの排除などがあります（多重の排除）。「相談しても相手にしてもらえなかった」「今まで誰からも助けてもらえていない」。そうした気持ちが，自分自身からの排除，つまり「自分なんかどうなってもいい」という自己否定感につながるのです。まさにひきこもり経験者に当てはまることですが，それまでに学校などで「助けてもらえなかった」，あるいは「自分に相談する価値があるのか」という思いを抱いている人が多いことは忘れずにいたい点です。

　また，一般に支援を受ける人が自分のことを自分で説明することが困難な場合は多々あります。初対面の人と，初めての場面で話すのは，得意な人以外にはハードルの高い行動でしょう。経済的な困窮などに追い詰められて，落ち着いて話をする心理状況にないかもしれません。発達障害の特性などから，本当に相談すべき話題に進む前に，相談者にとって気がかりな話だけを何度となく繰り返してしまうこともあります。

　このような理由から，相談の最初の段階で安心してじっくり話ができる環境を整えることが重要といえます。窓口の対応で，相談をする人自身に落ち

度があるように言われたり，「ここはあなたの来るところではありません」というように冷たい対応を受けたりすることで，相談すること自体に嫌気が差してしまうことも多くあるのです。

やっとの思いで相談に来た人に対しては，上に述べたように，なるべくあちこちに足を運ぶことなく話をきいてもらえるような体制づくりが重要でしょう。

たとえば以下のようなエピソードが参考になります。

エピソード：Ａ市の困窮者相談窓口は市役所内に設けられており，市民からの相談だけではなく，市役所の他の課からの相談を受け付けることを重要な任務としている。たとえば保護者が給食費を滞納して困っていた学校教育課の職員が，困窮者窓口と一緒に保護者と対応することで，家計の困窮ぶりや，就学援助の仕組みを知ることもある。このように相談者の課題は複合的であるため，複数の部署の担当者が一緒に相談者の話を聞くようにしている。使える制度を複数の目で見て発見するなど，一人の人をあらゆる可能性を尽くして見守ることを大切にした支援といえる。

次に，複数の課題の解決や，次のステップへ移るために他の機関の紹介が必要になることがあります。その場合も，初めての場面に対してハードルが高く，紹介されただけで実際には足を運ばずに終わることがあります。「病院に行き，障害者手帳を取得する」「居場所に参加する」などの際に，支援員が同行する支援（同行支援）があれば心強いでしょう。または，「病院の〇〇先生に紹介しました」「居場所スタッフの〇〇さんが待っていてくれます」のように，固有名詞を伴ったつなぎ方であれば，利用者の安心感が高まることもあります。同行支援も必要でしょう。そのためにも支援機関同士の「顔の見える関係」を築いておくと役立つと考えられます。

紹介先でうまく定着しているかどうか，ミスマッチを起こしていないかどうかは一定の期間で確認が求められます。ここでも機関同士の顔の見える関係が有用です。

　特に多くの困難を抱えた人が，複数の機関に相談に訪れては，それぞれの支援が中断したままになることもあります。情報が集約されていれば，その人の課題に早く気づき，いたずらに時間を空費することを避けられるかもしれません。複数の機関が集まってケース検討会や支援会議を開くことも，課題に対して一緒に考える体制をつくる手段となります。

文献

1）自立相談支援事業従事者養成研修テキスト編集委員会編（2014）生活困窮者自立支援法　自立相談支援事業従事者養成研修テキスト．中央法規出版．
2）内閣府子ども若者・子育て施策総合推進室．（2011）ひきこもり支援者読本．
3）斎藤　環（2011）「ひきこもりの心理状態への理解と対応」ひきこもり支援者読本．内閣府子ども若者・子育て施策総合推進室．
4）厚生労働省「ひきこもりの評価・支援に関するガイドライン」
5）全国社会福祉協議会（2015）障害福祉サービスの利用について．平成 27 年 4 月版．
6）名古屋市精神保健福祉センターここらば編（2011）名古屋市ひきこもり支援ガイドマップ 2011．
7）小林正幸・嶋崎政男編（2012）もうひとりで悩まないで！　教師・親のための子ども相談機関利用ガイド（三訂版）．ぎょうせい．
8）内閣府「子ども・若者育成支援推進法について」

第6章　ひきこもりへの就労支援

石川良子・鈴木美登里・川北　稔

> キーワード：特性の理解，自己理解，環境設定，自己決定の尊重，
> 　　　　　　段階的・個別的な支援，就労と多様な「自立」，中間的就労，
> 　　　　　　地域の課題解決

第1節　就労支援が目指すもの

　就労支援は言うまでもなく就労を目指して行われるものです。まずは就労を通して何を目指すのか掘り下げてみましょう。就労によって得られるものとしては，真っ先に金銭的報酬を挙げることができます。ですが，それ以外にも私たちは働くことを通して，社会とのつながりを実感したり，自己実現の喜びを得たりしています。『自立相談支援研修テキスト』[1] 第6章第1節の前半（pp.228-231）で強調されているとおり，就労は単に生計を立てるための手段に留まらない「深淵な営み」であり，就労支援とは「一人ひとりの生活や人生を豊かにすることを支援する，大変重要な取り組み」であることを理解しておく必要があります。

　生活困窮者自立支援制度の最大の目標は「生活困窮者の自立と尊厳の確保」にあります。ここで「自立」についても考えてみましょう。一般的に自立とは，自力で収入を得て（できれば正社員として就職して）生計を立てられるようになることだと考えられています。ですが，このような経済的自立は「自立」の一面に過ぎません。そのほかにも健康や日常生活をよりよく保持する「日常生活自立」，社会的なつながりを回復・維持する「社会生活自立」といった側面があり，これら3つの自立の基底をなしているのが「自己選択，自己決定」という理念です（『自立相談支援研修テキスト』[1] p.229）。経済的自

立を求めるあまり日常生活自立と社会生活自立を損なってしまったり，本人の自己選択・自己決定をおろそかにして尊厳を傷つけてしまったりすることがないように配慮しなければなりません。

　付け加えれば，自立とは必ずしもたった一人で生きていくことを意味しません。小児科医で脳性マヒ当事者である熊谷晋一郎氏は，「自立とは依存先を増やすことである」と明快に述べています[2]。自尊心が奪われていると，かえって自分だけでどんな問題でも解決しようとしたり，他者の評価や要求に脆弱になって助言さえも受け付けられなくなったりしがちです。ですが，助けを求めるのは決して恥ずかしいことではありませんし，相手の言うとおりにしなければならないということでもありません。自分の生きたいように生きることと，人の手を借りることはまったく矛盾しません。頑なになっている人には，時間をかけて丁寧にこのことを伝えていくと同時に，相談窓口はもちろんのこと地域全体に悩みを打ち明けやすい雰囲気を作っていくことも支援員の大事な役割です（第5章第1・2節を参照）。

　さて，就労支援には，①ハローワークの一般窓口の利用，②自治体とハローワークが一体的に行う「生活保護受給者等就労自立促進事業」の利用，③就労支援員による就労支援の実施，④就労訓練事業による就労・訓練の場の活用，⑤就労準備支援事業の活用など複数の種類があります（『自立相談支援研修テキスト』[1] p.235）。本人の状態に応じて柔軟に支援を展開していく必要がありますが，ひきこもり状態にある人にとっては，とくに日常生活自立と社会生活自立に重点を置いた就労準備支援が重要になってくると考えられます。

　とはいえ，現に生活が差し迫っている場合や，近い将来そのような事態に陥る可能性が高い場合は，本人も周囲もお金を稼ぐことに意識が集中しがちです。また，ひきこもり状態にある人のなかには就労に対して過度に規範意識を抱き（あるいは，ひきこもり状態が長引くなかで過剰になり），罪悪感や焦燥感から無理にでも働こうとすることがあります。ですが，ときには支援員が冷静に引き止めることも必要です。たとえば，それは精神的・身体的状態が良好でなく，対人面にも不安があるようなときなどです。こういうときは働き出したとしても長続きせず，自尊心がさらに傷つき，支援をも拒絶

することになりかねかません。就労に関してうまくいかない経験を重ねている場合はなおさらでしょう。生活を成り立たせるために収入を得ることは言うまでもなく大事ですし，収入を得ていること自体が自尊心や他者からの承認に直結する面も，たしかにあります。しかし，結果的に安定した生活から遠のくことがないよう長期的視点を持つことが大切です。ただし，どんなときでも支援員の判断を一方的に押しつけることがないように気をつけなければなりません。

　一方，近年は雇用機会の減少や労働環境の悪化により，ひきこもり状態にあるかどうかにかかわらず生活基盤を安定させることが難しくなっています（『自立相談支援研修テキスト』[1] pp.231-232）。本人の意欲や努力だけではどうにもならない局面があることを認識しておくことは重要です。本ガイドブックの第5章第1節でも述べたように，働いていなかったり学校に行っていなかったりすることを白眼視し，社会参加の機会を十分に与えない社会によって「ひきこもらされている」側面があります。にもかかわらず，ひきこもり状態から抜け出せない責任が全面的に押しつけられ，本人もその責めを甘んじて受けることにより，社会活動家の湯浅誠氏が言うところの「自分自身からの排除」に陥っていく可能性があります。「何のために生き抜くのか，それに何の意味があるのか，何のために働くのか，そこにどんな意義があるのか。そうした『あたりまえのこと』が見えなくなってしまう」のです[3]。

　生きることの意味や自己の存在価値を疑わざるをえないような状態では，働き出すための1歩を踏み出すこと，また，いったん働き出せたとしても長く働き続けることは，想像以上に難しいものでしょう。ついつい働けない（働き出せない／働き続けられない）のは甘えているからだと見てしまいがちですが，周りには些細なトラブルとしか思えないことでも，本人の受けているダメージは非常に大きいと考えられます。また，「選ばなければ仕事はある」といった類のことをよく耳にしますが，何のやりがいも見出せないような仕事を続けるのは，誰にとってもつらく苦しいはずです。それでも働き続けられるのだとしたら，その人には日々を支えられるだけの「何か」があるのだと思います。

　いずれにしても，収入さえ得られれば何でもいい，という短絡的な思考に

陥らないように注意しなければなりません。周りの人たちとの関係，本人の
やりたいことやプライド，経済的な見通しなど，さまざまなことと折り合い
をつけながら，長い目で見て自立と尊厳を保って生きていける道筋を，本人
と一緒になって辛抱強く探っていくことが何よりも大切です。

第2節　就労に向けたアセスメント

　就労に近づいた段階のアセスメントとして，以下のような項目を用います
（表6-1参照）。

　職業適性の診断などを行うことは社会経験のない人にはなるべく避ける方
が良いときもあります。適性診断で一般的ではない職業（たとえば研究者な
ど）があがったり，診断内容が本人の自己認知とかけ離れていたりする場合
があって，かえって診断に縛られてしまうこともあります。自己理解と希望
職種とが合致するように支援するためには適性診断を使う場合は慎重に行う
必要があります。

表6-1　アセスメントとして

1. 自立して生活を行っている（一人で起床する，身支度をする，適切な服装が
   理解できる，身体と服装の清潔を保つ，食事の支度ができる，栄養や単価を
   考えた食事ができる，約束した時間を守ることができる，夜更かしやゲーム
   に依存して不規則な就寝時間になっていないなど）。

2. 就労に向けての自覚と準備ができている（挨拶ができる，約束の時間を守る，
   自分の得意と苦手についての認識がある，困ったときに人にたずねたり相談
   したりできるなど）。

3. 医療支援を受けているかどうか（病気，薬の服用，カウンセリングの利用，
   就労に対しての制限，障碍者枠での就労に向けた制度の利用，など）。

4. 就労に向けての悩み（同僚との関係の持ち方，昼休みの過ごし方，など）。

5. 自己理解（長所，短所，得意なこと，苦手なこと，何が好きで，何が嫌いか，
   など）。

6. 職業理解（雇用環境，仕事の見つけ方，など）。

　不登校の経験があるひきこもり本人への就労支援では，就労のイメージがない人が多く，次のような質問が役立つこともあります。

1.　家族の職業，父母，きょうだい，など

2.　得意な学科，不得意な学科

3.　好きなこと，趣味

4.　小学校高学年の頃なりたいと思った職業，など

5.　どれぐらいの人数の人となら一緒に働けるか（10 人まで・20 人まで）

6.　接客はできるか「いらっしゃいませ」など言えるか（できる・できない・わからない）

7.　仕事場までの通勤時間（15 分まで・30 分まで）

8.　公共交通機関（利用できる・できない）

9.　働く時間　一日に（2・4・8 時間）

10.　働く日数（週に 1・2・3 日）

第 3 節　就労に向けたプランづくり

　就労に向けたプランづくりにおいては，仕事の中身だけでなく，本人に合うような環境設定を考えることが中心になります。状態に合う仕事をセッティングすることで容易に働くことができるからです。体験的な就労を試みる中で，本人の状態やステージに合わせて更なる環境設定や調整を行います。

　まず雇用労働を考えると，ボランティア（無償）から始まって，パート・アルバイト，契約社員，派遣社員，正社員など多様な就労の形態があります（福祉的就労なども含む）。どの形態が希望する仕事の内容と働き方と合致するかを検討します。

　就労に先立って履歴書の作成などがありますが，空白の職歴，途中で終わった学歴，資格欄にも書くものがないという特に不登校からひきこもった本人にとっては厳しい自己認知を迫られます。時間をかけて履歴書作成の支援を

行います。

　そんな時，履歴書には今までやってきた事を書くけれど，人柄や長所やこれから獲得したり見出したりする能力は書くことができない，だから可能性を見つけるためにさまざまな体験をすることが大切だと伝えます。その際に，就労準備訓練や職業体験を勧め，それ自体も履歴書に書き込むことができることを伝えます。また本人の持っている強みを相談の中から見出し，その強みを発揮できる仕事は何かを伝え，さらにその強みを確認できるような職業体験を探し，体験や訓練を重ねる中で本人が自信を回復するように働きかけることもプランの策定の際に考慮します。

　ひきこもりの課題ばかりではなく，複合的な課題を抱える本人のために就労の関係機関や窓口との連携が必要です。本人の状況を伝え十分に理解し，本人にとって適応しやすい職種や事業所を探すことや面接後の職場定着までを支援として行うことを理解してもらう必要があります。

　ハローワークなどでの求職活動は基本的には本人の了解を得てから同行します。まずはハローワークの利用の説明をします。求人情報の検索などの機械の操作などを一緒に行い，本人が自分で自由に検索し，引き出した求人情報を検討します。複数の求人票を比較しながら，どんな条件が気に入ったのか，どうしてこの事業所を選んだのかを確認します。本人が希望した労働条件や職種にそって，一緒にあらためて検索をしますと，今まで気づかなかった求人情報が見つかることがあります。これらの作業により，具体的な仕事のイメージがそこで少しずつ出てきます。支援者がどのような理由で再度選んだか，何を基準としたかを話し合うことで，できることや希望することと求人票とが結びついてきます。自己決定を尊重し，自己決定にいたるまでを振り返り，本人の決定と努力をねぎらいます。その後，ハローワークの相談窓口で求人票を基に，どのような事業所でどのような職種なのかを求人先に問い合わせるところまでを行います。

　希望の求人を見つけた場合，本人に求人元へ就労支援を行っていることを伝えてよいかを確認し，了承があった場合は求人元の事業所にハローワークを通して就労支援を現在行っていることや事業の説明をし，面接に同行支援をすることも伝え，理解と了承を得るようにします。また，体験などの受け

入れが可能かどうかも交渉します。短期間ですぐに辞めてしまう失敗体験を持っている場合は体験が有効です。受け入れ側の担当者をつけること，本人の特性を伝えてミスマッチを防ぐことができるなど，1週間以内の体験で，雇用する側も働く側も互いをある程度理解し，今後に向けてどうするか，継続するか否かも見えてきます。また，継続の場合も有償・無償をさておき，その仕事ができる・できないという互いの不安が解消されます。その後の進捗のレベルの差は人それぞれかもしれませんが，強みと弱みが体験から見えてきますし，本人自身が体験であるならば失敗はすべて良き経験として，学習と自己認知のチャンスとすることができます。

　1回目の就労で長期の雇用が理想ですが，短期の離職があったとしても失敗とはせず，そこを新たなスタートとして，さまざまな体験が将来の長期にわたる安定した就労への道筋であることを本人が理解し，あせらずに希望を失わずに現実との折り合いを見つけていくための寄り添いサポートがひきこもりの就労支援の基本かと思われます。

第4節　就労支援の実施

I　仕事へのイメージと意欲づくりの支援

　一般に，就労支援はさまざまなひきこもり支援の最終段階に位置します。就労支援に至るには，自宅や自室にひきこもっている状態から本人が外に出るための支援，居場所などにおける対人関係の支援，生活リズムや衣食住などの身辺自立の支援など，さまざまな段階を経る必要があります。

　また，本人は「就労」にさまざまなイメージを持っています。就労は一人ひとりがこんな自分になりたかったという思いを実現する「自己実現」の機会でもある一方，仕事をするイメージ自体がない本人も多くみられます。自身の能力や状態への理解も的確なものとは限りません。30歳台を迎えるなど本人の年齢が高くなると，高齢の両親の状態を思ってこのままではいけないという気持ちが高まっています。しかし，自宅中心の生活において「働かねばならない」と焦る一方，さまざまなスキルが伴っていないことがあります。

　本人には，最初から就労をゴールとするのではなく，より良い人生を送るために就労のイメージを形成してもらうことが大切です。「就労」することによって生まれる出会い，自立，チャンスなどを相談の場面で伝え，どのような長期的な目標を持つか思い描いていきます。生活の充実や幸福な未来というイメージを持てずにいる人が多いため，就労は生活のためばかりではなく，将来の夢へと続いていくものだということも伝える必要があります。働くことの意義や責任は働き続ける中で本人が自覚していくもので，教えることではありません。働く中で役割を果たし，責任を負い果たしていく中で人として働くということが社会において，また自分自身にとって意義あるものだということを学ぶのです（「多様な働き方」[1] pp.228-229，「働く意味」[1] pp.229-230）。

　同時に，就労するために必要な「自立」ができているかどうかを見極める必要があります。自立には身辺自立や経済的自立（家族と独立の生計を営む），社会的自立（他人と交流し，自分の意思を人に伝え，自分の言動に責任を持つ）などがあります。たとえば，恋愛したい結婚したい，だから働くという場合もあります。ただし恋愛も結婚も自立が基本となりますので，相談の中で就労意欲の喚起と結び付けながら，現在からそれらに向けて計画を立てていくという流れを作ります（「自立の概念」[1] p.229）。

　就労支援で一番難しいとされるのが，就労意欲を涵養することです。意欲とは本人に内在するエネルギーです。意欲を醸成するのは趣味などを楽しむ，友人知人と楽しい時間を過ごす，自分の興味のあることに集中するなどの充実した時間や自由な時間の集積の中から自ずと生まれるものが意欲です。働きたいという気持ちを，就労に至るまで自己決定が連続する期間の間，持ち続けること。さらに就労の初期段階を経て定着するまでのストレスの連続を乗り越えるのにも，十分なエネルギーが必要です。エネルギーの不足を補い，更なるエネルギーを醸成するのは本人を理解し支える人間関係です。とりわけ友人や仲間という存在は直接的にも間接的にも重要です（「自尊感情や自己有用感の回復」[1] p.236）。

　このように，支援においては個別の相談や，居場所などにおける活動の中で，仕事へのイメージを形成していきます。就労に至るまでのさまざまな支

援の中で就労への意欲を喚起するわけですが，喚起する意欲そのものが揺ら
ぎやすく，相談の中で，支援員が本人も気づかないでいる長所や職業適性を
見出す努力が必要です。たとえば，以下のような事例があります。

＊Aさん（30歳）は中学1年からひきこもって15年自宅で暮らしてい
ました。両親の希望で家庭訪問したところ「家庭訪問は必要ない」とい
う本人の意向が両親に伝えられました。しかし「私は働きたいと思って
いる，キャリアカウンセラーだったら会いたい」との言葉から，希望を
伝え，次回の訪問はキャリアカウンセラーと同行し，本人の要望を聞き，
以下のような，いくつかの提案を行いました。

1. 就労に向けて対人関係の訓練として一定期間居場所を利用すること。
2. 居場所での状態を見ながら，就労体験の場を準備するので，一定
   期間体験訓練を受けること。
3. 今後必要な資格を取得すること。

Aさんは，居場所に通い，介護事業所での訓練体験を経て，介護の初
任者研修を修了しました。体験訓練時の誠実な働きぶりが認められて，
体験した事業所で臨時のアルバイトに就くことができました。その後，
同じ事業所で常勤扱いに近いアルバイトとなりました。

Ⅱ 体験の欠落に関する見極めと，支援活動による充足

就労という意味で大きく本人の状況を分けるならば，一度も働いたことが
ない人と，アルバイトなど就労の体験がある人とに分けられます。前者は学
生時代にひきこもった人が多く，特に小中学校から不登校を継続したことに
よって圧倒的に社会体験が不足しています。後者の場合，大学時代にアルバ
イト経験がある場合が多く，または就労して何らかの事情で退職して，求職
しながら職に就くことができずひきこもった場合と，求職活動をせずひきこ
もり状態になった人がいます。前者の場合は，学歴・職歴・社会経験がなく，
働くというイメージや適性，職場で何を要求されるかということもわからず，
ゼロからのスタートとなります。

　このように多様なひきこもり状態のアセスメントに基づき，支援活動では，欠けていた体験を補います。特に居場所や就労体験は大きな意味を持ちます。多様な体験をする中で，同時に，本人への理解も深めることができます。

　居場所はさまざまな人たちと過ごすことにより，対人関係の訓練になります。居場所で安心して人間関係を築き上げると，次の段階へ向かうためのエネルギーが養われます。不登校から傷つき体験を負った本人に，不足した体験を追体験するような人間関係を用意することで，最終的な解決がもたらされることがあります。生育過程におけるさまざまな課題があるにもかかわらず，本人も家族も気づかないまま，解決されないままになっていることがあります。それが社会参加に向かったときにしばしば明らかになるのです。発達障害の傾向がみられる場合に，家族内では起きなかった本人自身の葛藤や周囲とのトラブルが現れることもあります。

　就労体験のある若者の場合は，パワーハラスメントや同僚のいじめ，仕事のミスマッチ，転勤などの環境の変化によってストレスを抱えた結果，ひきこもりに至っていることがあります。中には入社時の合宿研修に挫折し，そのままひきこもり状態になった人もいたりしますので，一概には就労していたと言っても個別なアセスメントとプランの策定は就労していた人でも丁寧に行う必要があります。

　過去の体験の欠落だけでなく，就労への不安も丁寧に見極める必要があるでしょう。少ない社会経験から漠とした不安を抱え，その不安から働くことを恐れるようになります。家族などまわりの人々はひきこもっている段階から，さまざまな人たちと会って外で過ごす時間が増えてくると「いつになったら働き始めるのか」と期待します。そんな期待によって本人はさらに就労に対して不安になります。

　就労は，「1．新しいところへ行く」「2．新しい人と出会う」「3．新しいことをする」というように，新しい場所・人・事柄を一気に経験することです。これらは，働くことがもたらす肯定的な側面でもありますが，本人には大きなストレスでもあります。その前の段階としての準備や体験がそのストレスを緩和します。支援活動の中で，仕事や職場環境とのマッチングも必要になります。

第5節　ひきこもり経験を考慮した
　　　　中間的就労の場の創出・開拓

　就労には，健康や日常生活をよりよく保持する「日常生活自立」，社会的なつながりを回復・維持する「社会生活自立」，そして経済状況をよりよく安定させる「経済的自立」があるとされています[1]。

　一般に就労において重視されがちなのは経済的自立ですが，単に収入が得られることに着目して就労支援を急ぐことには慎重でなければなりません。ひきこもり経験がある人の中には，仕事における失敗体験で心身を疲弊させた人，仕事に向かうだけのエネルギーや社会的つながりをもっていない人が含まれています。つまり，仕事への準備性を持ち合わせていない場合を想定して支援を進めなくてはならないのです。

　具体的に考えてみましょう。失敗体験のある人は，単純に仕事へ向けて相談や訓練を展開するだけでは，「また同じ失敗をするのではないか」という不安だけが募ってしまいます。また仕事で疑問を持ったときに質問をするといった基本的なスキルを備えていない場合，一人で悩みを抱える状態になり，結果として周囲から見れば突然仕事に来られなくなることもありえます。元々ほめられた経験や，楽しいことをした経験が少ない人は，仕事をして何かを達成するとか，お金を得るとかの意味を感じられなくなっていることもあります。いくら相談や訓練だけ受けても，そのゴールに良いことが待っていることが想像できない状況もあることを意識しておく必要があります。

　このように就労の準備性を高める意味においても，居場所やピア・サポートの機能は大きいといえます（第4章第6節・7節を参照）。

　同時に，就労支援についても，本人の自尊感情や自己有用感の回復・醸成を図りながら相談を進める必要があります[1]。そのため生活困窮者の自立支援においては一般就労に向けた仕事探しを行うだけでなく，就労への準備性を高めるために以下のようないくつかの制度が用意されています。

　①ハローワークの一般窓口の利用
　②自治体とハローワークが一体的に行う「生活保護受給者等就労自立促進

　事業」の利用

　③就労支援員による就労支援

　④就労訓練事業による就労・訓練の場を活用した就労支援

　⑤就労準備支援事業を活用した就労支援[1]

　③は生活困窮者自立支援における必須事業である自立相談支援事業の就労支援員による支援であり，⑤は任意事業である就労準備支援事業を活用しています。そして④は「中間的就労」と呼ばれるものであり，社会福祉法人，NPO法人，営利企業等の自主事業として実施するものです。生活困窮者のなかには，就労に困難を抱えていてすぐには一般の事業所で働くことができない人もいますが，そのような人を対象に，一般就労とも福祉的就労とも異なる働き方を提案するのが中間的就労です。その特徴は，支援付きで就労を行う点と就労を行う人の個別の事情に合わせて仕事の内容や時間などが柔軟に調整される点にあるとされています[1]。

　生活困窮者の支援においては，この中間的就労を行う事業所の開拓が求められており，自立相談支援機関と社会福祉法人やNPO法人，株式会社等の民間事業者とのネットワークの構築が望まれます。また自治体や公の施設には，中間的就労の場を設置していくことが強く期待されています。

　このように生活困窮者の支援制度において中間的就労が位置づけられていますが，それに限らず，既存の事業所などにおいてひきこもり経験を理解してくれる場所を開拓することも本人のステップを豊かにするうえで重要です。都市であればコンビニや居酒屋，宅配業など，地方では農業や旅館業など，支援員が持つ個人ネットワーク，地域ネットワークがそのまま中間的な就労先になる例は多くあります。

　地域の課題の解決のために，ひきこもり経験を持つ人が働くこともできます。せっかく野菜や果物をつくっても収穫者が足りないために放置された畑において収穫を支える，清掃する人がいないために荒れた海岸でごみ拾いをする，買い物難民の高齢者のために御用聞きのような販売方法を取り入れるなどの例も，徐々に各地から報告され始めています。地域の実情に応じて仕事の場を開拓する可能性を生かしていけるとよいでしょう。

文献

1）自立相談支援事業従事者養成研修テキスト編集委員会編（2014）生活困窮者自立支援
　　法　自立相談支援事業従事者養成研修テキスト．中央法規出版．
2）熊谷晋一郎「自立とは『依存先を増やすこと』全国大学生活協同組合連合会．http://
　　www.univcoop.or.jp/parents/kyosai/parents_guide01.html（閲覧日：2017 年 9 月 5 日）
3）湯浅　誠（2008）反貧困．岩波新書．

第7章　ガイドブックの活用方法

牟田武生・船越明子

キーワード：ひきこもりを学ぶことは若者を理解すること，相談支援とは

第1節　研修方法

　ひきこもりの自立支援の研修は，その原因が複合的かつ重層的なものであり，個々の事情や環境を理解しながら，問題解決に向けて研修を通して学んでいくようにしましょう。また，問題点が同時に環境等を整えることによって，自立のための重要なアイテムになることもありますから，単一原因の問題解決方法の従来の研修とは若干相違があります。

　また，ひきこもりは社会病理現象であるため，社会変化に応じ，新たな問題事例が起きてきます。最近では，若者の無気力化やネット依存によるひきこもり等の先進的な事例も現れてきています。常に新しい情報を支援相談員は知り，対処していかなければなりません。

I　基礎研修

　ひきこもりを理解する基本的な知識としては，医学的領域（精神医学・内科等），その関連領域である発達障害に関する知識，教育学的領域（発達課題・知的ボーダー・学習理解能力の不足・社会性・コミュニケーション能力・人間関係能力・非行や愚犯問題等），心理学的領域（個人と家庭・親子関係・カウンセリング理論と実践，家族療法等），社会学的な視点の捉え方（社会構造と若年者就労等），労働関係（就労支援および中間就労等，労働施策理解），行政を含め各支援機関との連携のあり方等，福祉関係（福祉的な支援等），

民法（人権，個人情報保護，ライフプランの作成等）を各機関の専門家であり，ひきこもりについて理解のある講師から講義指導を受け，基礎的知識を深めることが必要です。

Ⅱ　具体的知識と領域の連携としての理解

　上記の専門的領域について，具体的関連とつながりについて理解を深めるため，事例に基づき，ファシリテーター役の講師の指導のもとディスカッションによって，具体的に内容の把握と支援方法を学び，相談支援機関の各限界と専門機関の相互連携を深めます。

Ⅲ　支援者としての実際の相談のあり方の実務演習

　支援者として，傾聴や同意（頷き），相談者との信頼関係の形成と実際の相談実務を行う相談訓練をあらゆる事例を通してシミュレーション研修を行い，さまざまな知識やノウハウを実際に使えるようにします。また，ひきこもりの人の心理を理解し，個々に応じたアプローチの仕方や支援方法を各支援者が主任相談支援員とともに支援プランニングできるように学べるようにします。

　また，問題を支援者が一人で抱え込まないように，主任相談支援員，スーパーバイザーとの連携役割分担が常に必要であることを十分に理解するようにします。

Ⅳ　困難事例の研究と振り返り

　解決の難しい困難事例については，福祉事務所のような小単位ではなく，県レベル単位で困難事例を出し合い，ディスカッション研修で，問題点の洗い直し，対応方法の工夫を学びあいます。問題の振り返りを行うことによって，振り返りから学び，全体の支援者のレベルアップを可能にしていきます。

第2節　スーパービジョン

　ひきこもり状態にある人の相談支援を行うとき，問題になるのは「どうし

たら本人に会えるのか」からはじまり，心理的な支援，人間関係のスキルの獲得，職業訓練を含めて就労支援，アフターフォローの仕方までですが，それの指針になることを整理し，スーパービジョンの支柱とします。

第3節　主任相談支援員の役割

　基本的な内容は，重複するので，『自立相談支援研修テキスト』[1] 第7章第3節主任相談支援員の役割をお読みください。

　ここでは，ひきこもりに特化したその指針について考えます。

　ひきこもりの相談支援で一番大切であり，最終目標は，ひきこもり本人自身が主体的に生きる能力をつけることです。ひきこもりの多くの方は，自主性・主体性が保てなくなり，依存的に生きざるを得ない状況にあります。そこから抜け出し，自らの人生を自己決定しながら，自己実現に向けて生きて行かれるように支援していくことが，支援の中心になります。

　そのため，行政，福祉，医療，教育，就労，地域等，さまざまな機関との連携が必要になります。主任相談支援員は，各機関との連携と地域の社会資源発掘等，ひきこもり支援事業においては扇の要の中心的役割を果たすことになります。各機関を管理し，実際に指導する支援者をスーパーバイズしていきます。

　主任相談支援員は，ひきこもり本人とその家族の相談の入口から出口まで間接的に関わり，監督の役割をしなければなりません。

　また，ひきこもり本人は，当事者の自立支援の目的である本人の主体性や自主性を醸成しなければなりませんので一進一退の進捗状況を呈することが考えられます。そんな時，支援者は他の対人支援では考えられないくらいの焦りやストレスを感じます。

　その相談相手として，主任相談支援員は，しっかりとビジョンを持ち，焦らずに各支援者を支えていかなければなりません。また，それを支えていくのが，各機関の連携によるチームアプローチであり，チームで支えていくシステムを作りあげることによって，所期の成果をあげることができます。

第4節　ガイドブックの意義

　生活困窮者自立支援法の施行は，国のひきこもり支援が大きく転換したことを意味します。これまで，ひきこもり支援は，精神保健福祉の枠組みで捉えられてきました。しかし，実際にひきこもり状態にある人への支援を行っていく中で，ひきこもり状態であっても精神保健福祉の支援の対象とは見なされない人たちが多数存在すること，また，精神保健福祉サービスのみでは家族やひきこもり本人に対して必要な支援が十分には提供できないこと等のひきこもり支援を精神保健福祉の枠組みで捉えることの限界が明らかとなってきました。なぜなら，ひきこもりとは，精神保健福祉上の課題も含めた社会的な要因が関与しており，その背景と実態が極めて多様であったからです。生活困窮者自立支援法によって，ひきこもり支援は，精神保健福祉による支援から，多分野包括的支援へと大きく転換しました。つまり，生活困窮者自立支援法におけるひきこもり支援は，障害者総合福祉法や発達障害者支援法等の既存の法律の隙間を埋める包括的なものとして，既存の法律や制度と連携して機能する必要があります。

　本ガイドブックの意義は，生活困窮者自立支援制度を踏まえて，ひきこもり支援を多分野包括的支援として実施する際の指針を示したことにあります。ひきこもりという現象を理解するための基礎的な知識から，ひきこもり支援を通じた地域づくりまで幅広い内容となっています。また，本ガイドブックには，ひきこもりに関連したこれまでの研究や実践の知見が盛り込まれています。平成11年に全国引きこもりKHJ親の会（現：KHJ家族会）が設立されて以降，精神保健福祉センター，ひきこもり地域支援センター，親の会などを中心に，全国各地でひきこもり状態にある人とその家族への支援が行われてきました。本ガイドブックは，こうしたひきこもり支援のノウハウの蓄積を基盤としています。

　本ガイドブックの主な活用として，以下の3点が考えられます。まず，生活困窮者への自立相談支援を行う者がひきこもりを伴う事例に遭遇したときに，どのように本人や家族を理解し，対応すれば良いかを知るのに役立ちます。

次に，ひきこもり状態にある人の支援に関わる専門職や本人・家族が，生活困窮者自立支援制度の活用を考える際に有用な情報を提供します。最後に，生活困窮者自立支援の対象にひきこもり状態にある人とその家族が含まれていることを，広く社会に周知するための資料として活用することができます。

　しかしながら，生活困窮者自立支援制度が開始されて日が浅く，相談現場での実情を十分に反映できていない点も少なくないでしょう。今後は，ひきこもりを伴う生活困窮者への自立相談支援の現状を全国規模で把握すること，困難事例と成功事例の分析を通して支援のノウハウを明らかにしていくことによって，より相談現場の課題に則した具体的な内容が盛り込まれることが望まれます。

第5節　ガイドブックの作成方法と改定方法

　本ガイドブックは，さまざまな背景をもつ執筆者がそれぞれの得意分野を分担して執筆しました。執筆者には，医学，保健学，福祉学，社会学，教育学など異なる学術的背景をもつ専門家と長年にわたってひきこもり状態にある本人とその家族の支援に関わってきた実践家が含まれています。自立相談支援の現状を知るために，モデル事業を実施した支援機関への聞き取り調査を行い，その結果を参考にしました。また，できる限り記載内容の根拠となるエビデンスを文献として明記するようにしました。ガイドブックの試案がまとまった時点で，有識者に配布し，意見を募りました。ガイドブック作成のプロセスにおいて，執筆者同士で，内容についてのディスカッションを行い，原稿の修正を行いました。

　今後は，生活困窮者自立相談支援の実態と相談支援のアウトカムについて，定性的および定量的なエビデンスに基づいて，推奨される支援を提言していくことが求められています。

文献

1）自立相談支援事業従事者養成研修テキスト編集委員会編（2014）生活困窮者自立支援法　自立相談支援事業従事者養成研修テキスト．中央法規出版．

付　録

付録 1. 事例集

鈴木美登里

＊これらの事例は各地の窓口相談員への聞き取りを基に，ひきこもり問題と一般的な困窮
者の問題を世帯の課題として作成しています。特定個人の事例ではありません。

事例 1 「就労準備支援・中間的就労」を経て進学就労した学習障害の
ケース

A 君（初回相談 15 歳中学 3 年生）男性。

地域包括支援センターから認知症らしい独居の高齢者女性についての相談
があり，包括支援センター職員と窓口相談員と高齢者の住む公営住宅へ行く。
家族は別居の娘だけ。娘との関係は疎遠で，母親が認知症になっていたこと
も知らずにいた。家族に介護等の今後の方向性なども含めて協議する。協議
を続ける中から，その娘自身の長男（以下，A 君）が不登校ひきこもりで，
母親との疎遠な関係もその A 君の事情もからんでいたことがわかる。実家
の母親の生活支援と施設入所の可能性も含めた支援と，A 君の支援を別け
て対応することとなった。

A 君の母親には中学校との付き合い方や家族の対応を中心に相談支援を
始める。A 君は中学 2 年から段階的に不登校となる。父権主義的な父親は
不登校について，「母親の教育が悪い」「お前の育て方が悪い」と言うばかり
で，父親自身は A 君に対して関係性を持とうとはせずにいる。「高校へ行か
ないと人生がだめになる」と父親は A 君に高校入学を勧めるが，高校に進
んでも対人関係が不安だという本人の希望で「就労準備支援」の利用が始ま
る。また，就学した場合学費と生活費などの支出の増加に対して家計相談を
し，母親への就労支援が始まる。母親は家に居るべきだという父親を説得し
て，ほどなく自宅近くのコンビニで働き始め，働くことで社会参加の意欲が
高まり給付つき訓練事業を利用し，事務職で常用雇用となる。

A 君の支援の中で，学習支援を行い漢字の読み書きや計算などが小学校
の低学年レベルで学習障害とわかる。卒業と同時に就労準備支援の流れの中
で，本人の就学意欲が高まり，単位制通信高校へ進学する。地域の理解ある

事業主が短期の工場での軽作業の受け入れをしてくれることとなり，ベテランのパートの女性が担当者としてマンツーマンのサポートのある雇用型の中間的就労を利用する。3カ月後，いったん終了し，本人が自主的に求職活動を始める。自宅近くの母親が勤務していたコンビニのアルバイトに就く。通信制高校のサポート校へ通学しながら，現在就労（物販店での常用雇用）。

事例2　学習支援ののち高校進学したケース

　B君（初回相談14歳中学生）男性。

　妻の家事放棄（ごみ屋敷）と息子の不登校について父親が相談に来所。父親は実家の母親の介護のために，別に暮らす。中学2年生から不登校のB君は母親と同居していたが，母親のネグレクトのため，自室でひきこもっていた。母親は家族全員での同居を希望していたが，住んでいる公営住宅がごみだらけで足の踏み場もないことや，母親は食事作りができず弁当を買って子どもに与えていて，食事も一緒にとらない。また母親は消費者金融に債務もあり，生活を見直す必要があるため，いったん母親の元を離れて父親の元で暮らすことを提案，B君も同意し父親と暮らすことになる。

　B君自身は性格も生活も知的にもまったく問題がなく，本人の今後の希望は高校・大学へ進学したいと話したことが学習サポートのきっかけとなる。対人緊張がみられたので面談を週に1回行いながら，困窮者の「学習サポート」につなぎ，その後高校に進学。

　父親は離婚協議を家裁に提出し，母親は離婚に同意せず，このまま公営住宅に暮らしていたい，できれば子どもと同居したい，働くことができないと主張した。弁護士相談をしながら，母親の生活を考慮して年金分割に同意し，父親が親権者となる。

　母親の生活については法テラスを利用し債務整理をして，ネグレクトやごみ部屋の事情を考えて精神科への受診を促す。その後，軽度の知的障害の疑いと診断があり，福祉的サービスを受けながらの生活再建を目指す。

事例 3　自立相談支援員の継続訪問で就労準備支援にいたった男性

　Cさん　25歳　男性。

　地域の社会福祉協議会の貸付担当者からの紹介で，アウトリーチを始める。母子家庭で一人息子は25歳，小学校3年から登校，その後小学校中学校は不登校。いったん，20歳の直前，母子自立支援員の働きかけで外出できるようになり，学習支援を受ける。その後，母親の働くスーパーでアルバイトを経験して本人は少し自信をもったが，腰に負担がかかり，腰痛のためにアルバイトをやめる。母親にはアルバイトなら1日3時間ぐらいならできると話している。

　息子が働き始めてから生活保護から外れたので，その後生活は不安定で，公共料金の支払いが滞る生活となった。公営住宅に住んでいるが，現在，母親はアルバイトで月8万円の収入だが，今後の生活を考えてシフトを増やしたのに伴って社会保険に加入できるようになり，息子の就労による生活再建を考えることとした。

　食料支援を切り口にRさんへの訪問を継続し，母親のいない時にも食料の受け取りに玄関に出てきてくれるようになり，少しずつ生活全般について聞いていった。Cさん本人はもう一度やり直して，同じスーパーで働きたいという希望があったため，系列のスーパーも視野に入れて仕事探しを行う。

　就労支援員から母親の勤務先の上司にCさんの状態を説明し，再度の雇用について検討していただきたいと願い出たところ，中間的就労という形で就労準備支援期間（試用期間）をまずは2週間設けて，Cさんの仕事の様子を見てからという形での受け入れとなる。2週間の試用期間を経て，そのまま継続雇用となる。

事例 4　別居の長男の自立相談

　Dさん　40歳　男性。

　相談者（両親）は自営業。売り上げが下がり事業の整理を考えている。住宅ローンの返済とひきこもりの長男のことで相談に訪れる（両親の事業の整

理と住宅ローンに関しては弁護士相談（法テラス）を行い，解決を図る）。

　長男は高校卒業後に大学に進学するが，在学中に事故に遭い中退。大学中退後，実家に住民票を残したまま，その大学近くに在住。その後，専門学校に通学するが再び休学。以降仕事はせず，両親の仕送りで生活している。仕送りを続けるにも限界がある。しかし，両親は生活が心配なので止めることをためらっている。以前，仕送りを止めたこともあったが，その時は自分で警察に相談に行ったこともあるため，止められないと思っている。

　両親は月に1回程度長男宅を訪問するが本人には会えない。そんな長男が最近は母親に対して電話で暴言を吐くようになった。警察から相談窓口の紹介を受ける。相談員から今後両親も生活をどうするかと，長男に手紙で連絡をする。就労など全般的な生活支援と就労支援を提案し，面談が難しい場合は訪問をすると伝える。返信の内容から就労については前向きに検討したいが，強迫症状が強いため治療を受けたいという連絡がある。本人の精神的な落ち込みが著しいため，本人が居住している市のひきこもり地域支援センターと医療へつなぐ。診察・投薬治療を経て，現在はハローワークの専門援助担当者と仕事探しを続けている。

付録 2.　ひきこもり支援における FAQ

牟田武生

　現場の支援者からの具体的な質問を，香川県から委託され保護者・支援者の会で平成 26 年に行われた「ピアサポーター養成講座」からまとめました。

①家族から相談があるが，なかなか本人につながることができない

　家族からの相談で本人につながることが最終目的ではありません。最終目的はひきこもり状態の改善であり，ひきこもりから本人が抜け出すことにあります。

　そして，本人が望めば，本人自身の相談や家庭訪問も，その過程で行われるという通過点に過ぎません。大切なのは，相談者（親）を通してどう関係を改善するかです。親と子のボタンの掛け違いをどう修正するのか？　そのためには本人の気持ちをどう理解するか，そして，味方になってあげられるかです。たとえば，以下のようなことを目指します。

- ・家族の苦しみを理解し，支援者としての信頼関係の形成
- ・見立て（何をどう支援していったらよいか，連携する関係機関は……等）
- ・細かい本人の動き等の報告・連絡・相談指示を行う（ひとりよがりにならないためにスーパーバイズが必要）
- ・介入の時期や信頼関係を深め，必要な情報の提供
- ・精神的な治療対応は拒否される場合が多いが，健康診断などは受け入れる場合もある
- ・本人の感情や行動を変化させ，ひきこもりの状態からの改善等

②本人に面会しようと思っても，本人が拒否しているときの対応

　アウトリーチやピア・サポートの基本は本人が望んでいるときです。しかし，ほとんどのひきこもり本人は，他人との交わりを拒否しているからひきこもりの状態なのです。まずは親子関係の改善からはじめないとどうにもなりません。

・元当事者の意見

「父親は子どもに○○でなければならないという考えを押し付けがちだ」

「先回りの発言が多い」

「子どもの話を聴いてくれない」

「自分は親とは違うということを理解してもらえない」

「自分は家庭ではいつも危機意識を持っていた」等々

・父親の意見

「○○でなければとか押し付けはしたつもりはない」

「何とかしてやりたいという思い」等々

このような，ボタンの掛け違いがあります。さらに，本人は親に喰わせてやってもらっているという潜在意識が劣等感をさらに刺激し，自分を守るために過剰防衛反応をします。場合によっては家庭内暴力に発展します。

そのためには，親の価値観の変更が必要（時代の変化）→受容（子どもの気持ちを理解する）→そして，すべてのことは親だけではできない（叶えられない）→理解してくれる仲間（ピア）や専門性のある（アウトリーチ）が，家庭訪問してくれることを伝えます。

本人が困っていることを解決してくれる人なら来て欲しいと願っています。

親の方もひきこもりについて学ぶ必要があります。これは本人の気持ちを理解することができると同時に，親自身の社会的孤立を防ぐことが可能になり，これが，ひきこもりの解決の一つになっていきます。

③中学から不登校で 20 年のひきこもり，家族は無関心である場合の対応

最近，不登校の親の方で無関心（放置・虐待でもあります）が増えています。ひきこもりの親の方でも，もう，大人なので，自分が動こうとしなければ，どうにもならないと，本人自身の問題として無関心の方も多く見られます。しかし，本人自身ではどうにもならず，支援者がいなければどうにも身動きができない場合が非常に多いのが事実です。

長期間におよぶひきこもりの場合も基本は，以下のとおりです。

・夫婦間の合意（どうしていけばよいのか，何を変えていけばよいのか，

どう協力し役割分担をするか）

- ・本人と信頼関係をどのように構築するか
- ・専門家による見立て（心理的支援，精神医療支援，教育・自立的支援等，なにを必要としているのか，さらにはどのような手法で支援していけばよいのか，また，その親に対する支援をどう行うか？

※それでも親が無関心の場合，本人が将来生活困窮者に陥る可能性があるので，行政としてどのように支援をしていくのか？　待ちの消極的支援ではなく，積極的支援が必要な時代になってきます。

④家族が受診（精神疾患）に消極的で，本人も納得していない場合の対応

　精神障害者の場合，自傷他害，幻聴・幻覚・被害妄想で苦しまない限り病識はありません。ですから，本人が納得して受診することはほとんどありません。

　家庭内暴力が激しい場合や生命の危険が危ぶまれる場合は保健所を通して，精神保健指定医によって強制的入院治療が可能な場合もあります。

⑤いじめ→不登校→ひきこもりと長期化している事例について，予防的に学校と連携について

　いじめが原因で不登校になる児童生徒は多くいます，すべての事例がひきこもりへ長期化することはありません。長期化する原因はいじめへの対応が十分でなく，表面的な解決だけを行い，児童生徒の心理面でのケアがなされずに，両親や先生および級友に対する対人不信が強くなると，不登校やひきこもりへの長期化が始まります。いじめ・不登校との関連については，以下の情報が参考になります。

- ・いじめ…ただ単純に問題を解決したと考えずに，その心理的な背景や人間関係についても該当児童生徒はもとよりのこと，スクールカウンセラーも含め，学校側と加害者・被害者の両保護者と協議し解決を図る必要があります。
- ・不登校…平成22年発行の文部科学省「生徒指導提要」における不登校

の対応では「不登校対策委員会」を設置し対応するとなっています。その中には外部の有識者も含まれるとされ，十分な「見立て」を行い長期化を防ぐとなっていますが，学校現場においては，まだ，十分に浸透しているとはいえません。

・児童委員…民生委員の中に，民生児童委員を置き，学校と地域を結び付け連携をとりながら，不登校を含めさまざまな子どもの抱える問題を解決しようと図り作られました。

⑥ひきこもりの親でとりわけ高齢化する親に対しての支援

今まで日本社会は，欧米社会のように子どもや若者の自立は社会が行うという認識がなく，子が自立するまで親（家庭）の責任で役割とされてきました。しかし，1980年代からの不登校からのひきこもり，2000年代になってからの社会的ひきこもり，バブル崩壊後の長引く不況と経済のグローバル化により，非正規社員の増加は，ニート層の増加を生み，歯止めがかかりませんでした。

さらに，ひきこもりからの二次症状（現代型うつ病等）など，さまざまな問題が社会問題化しましたが，経済界や世間の認識は親の子育ての失敗，本人の怠け等の見方が強く，行政の支援策はうまく機能しませんでした。また，ひきこもりを病気として扱い福祉支援の対象として扱うにも限界がありました。

そこで，社会保障と税の一体改革に向け，新たなセーフティーネット構築として，生活困窮者自立支援法が平成27年度よりスタートしました。この法案は生活保護者や生活困窮者の自立支援他，将来生活困窮者になる可能性のある長期化し，高齢化したひきこもりも視野に入れ支援が行われます。これらは間接的には親の支援につながるはずです。

⑦どのような状態をもって，ひきこもりから回復したといえるか

以下の点から，判断します。

日常生活の管理が自分自身でできるか？

・生活リズム

・衣食の管理

・精神的な揺れを自分自身で管理できるか

他人との人間関係に緊張や不安など特別なストレスを感じないか

・拒否や逃避したい感情をコントロールできるか

・他人との会話中，必要以上に緊張や不安がないか

・会話内容をしっかり把握できるか

・報告・連絡・相談ができるか

経済的に自立の目処が立ったか

・就職活動や労働訓練に自分自身で参加できるか

・生活費の目処が立ち始めたか

・国民健康保険，税金等，社会的な手続きができ，自分自身で納めることができるか

⑧ひきこもりの就労支援

望ましい段階的支援として以下のようなものがあります。

・家族の支援（当事者との出会い・信頼関係の構築・情報収集・見立て）

・家族療法（親子間のストレス状況の緩和・本人に対する療法）

・集団療法グループダイナミックスを使う（居場所・親の会等）中間的な支援場所と療法

・生活自立支援と本人の適性（検査や就労体験等）と，望むことのギャップを埋めるための訓練や資格取得（共同生活型訓練＝集中訓練（厚生労働省キャリア形成支援課事業が効果的））

・中間的な就労・就職支援⇒就労

⑨アウトリーチ活動における注意点，特に家庭内暴力のある家庭に訪問するとき

アウトリーチ活動（特に家庭内暴力のある家庭訪問）を行う際には，以下の注意が必要です。

・本人や家族の情報をできる限り収集し，家族の協力のもとに行うこと。家庭内暴力は家族に向けられる暴力で，第三者に向けられることはあま

りありません。

・本人が希望しないアウトリーチは，事前になぜ訪問するのか，目的は何かを本人に伝えておく，強い拒絶があれば行わない，どうしても行う必要がある場合は二人以上で行い家族は別室に控えます。

・家庭内暴力を行う本人は以前に家族（特に父親から）暴力を振るわれた過去がトラウマになっていることが多く，大きな声で話しかけたり，威圧的または防衛的な態度を示すと，興奮状態に入ることがあります。

・会えたとき，感謝の言葉をかけ，終りにねぎらいの言葉がけを忘れずに行います。また，強制的な要求は絶対的にしてはいけません。

・主治医やカウンセラーがいる場合は連携のもとに行いましょう。

付録3. アセスメント・ツール

Ⅰ　ひきこもり行動チェックリスト

　以下の項目は，ひきこもり状態にある人が示すさまざまな行動をあげたものです。ひきこもり状態にある人の現在，もしくは過去3カ月以内（別居の場合，あなたが知りうるかぎり最近）の状態について，「非常にあてはまる」と思うときには「3」を，「だいたいあてはまる」と思うときには「2」を，「ほとんどあてはまらない」と思うときには「1」を，「全くあてはまらない」と思うときには「0」を，それぞれ○で囲んで下さい。あなたの家族にいるひきこもり状態にある人には無関係だと思われる質問であっても，すべての質問について答えて下さい。

全くあてはまらない・・・0	ほとんどあてはまらない・・1
だいたいあてはまる・・・2	非常にあてはまる・・・・・3

1. 家族に気づかれないように行動する・・・・・・　【　0　1　2　3　】

2. 親にベタベタ甘える・・・・・・・・・・・　【　0　1　2　3　】

3. 自分の部屋に閉じこもる・・・・・・・・・　【　0　1　2　3　】

4. 昼夜逆転している・・・・・・・・・・・・　【　0　1　2　3　】

5. 窓から外を眺めていることが多い・・・・・・　【　0　1　2　3　】

6. 電話に出ない・・・・・・・・・・・・・・　【　0　1　2　3　】

7. 理由もなく笑っている・・・・・・・・・・　【　0　1　2　3　】

8. 自分について悲観的なことを言う・・・・・・　【　0　1　2　3　】

9. 日常生活が不規則である・・・・・・・・・　【　0　1　2　3　】

10. 仕事に就いていない・・・・・・・・・・・　【　0　1　2　3　】

11. 人に会うのを避ける・・・・・・・・・・・　【　0　1　2　3　】

12.	過去のことばかり話す・・・・・・・・・・	【 0 1 2 3 】
13.	一日中寝ている・・・・・・・・・・・・・	【 0 1 2 3 】
14.	手を頻繁に洗う・・・・・・・・・・・・・	【 0 1 2 3 】
15.	無気力である・・・・・・・・・・・・・	【 0 1 2 3 】
16.	目つきが悪い・・・・・・・・・・・・・	【 0 1 2 3 】
17.	友達がいない・・・・・・・・・・・・・	【 0 1 2 3 】
18.	潔癖症である・・・・・・・・・・・・・	【 0 1 2 3 】
19.	部屋がきたない・・・・・・・・・・・・	【 0 1 2 3 】
20.	自己主張が激しい・・・・・・・・・・	【 0 1 2 3 】
21.	自殺したいと訴える・・・・・・・・・・	【 0 1 2 3 】
22.	絶望感を口にする・・・・・・・・・・	【 0 1 2 3 】
23.	人の目を気にする・・・・・・・・・・・	【 0 1 2 3 】
24.	急に態度が変わる・・・・・・・・・・	【 0 1 2 3 】
25.	手洗いが長い・・・・・・・・・・・・・	【 0 1 2 3 】
26.	将来のことについて話さない・・・・・・・	【 0 1 2 3 】
27.	風呂に入らない・・・・・・・・・・・・	【 0 1 2 3 】
28.	家族への暴力・・・・・・・・・・・・	【 0 1 2 3 】
29.	音に敏感である・・・・・・・・・・・・	【 0 1 2 3 】
30.	乱暴なことを言う・・・・・・・・・・	【 0 1 2 3 】
31.	服を着替えない・・・・・・・・・・・・	【 0 1 2 3 】
32.	考えていることがわからない・・・・・・・	【 0 1 2 3 】
33.	トイレに頻繁に入る・・・・・・・・・・	【 0 1 2 3 】

34. 大声を出す・・・・・・・・・・・・・・・　【　0　1　2　3　】

35. 他人をこわがる・・・・・・・・・・・・・　【　0　1　2　3　】

36. 意味のない行動を繰り返す・・・・・・・・　【　0　1　2　3　】

37. 時間通りに行動しない・・・・・・・・・・　【　0　1　2　3　】

38. 髪に気を配らない・・・・・・・・・・・・　【　0　1　2　3　】

39. 家族の中に話すことができない人がいる・・・　【　0　1　2　3　】

40. 食事を一緒にしない・・・・・・・・・・・　【　0　1　2　3　】

41. 部屋に入れさせない・・・・・・・・・・・　【　0　1　2　3　】

42. 他人の言動に対して神経質である・・・・・・　【　0　1　2　3　】

43. 人を批判する・・・・・・・・・・・・・・　【　0　1　2　3　】

44. 物を捨てない・・・・・・・・・・・・・・　【　0　1　2　3　】

45. 社会を批判する・・・・・・・・・・・・・　【　0　1　2　3　】

（境　泉洋・石川信一・佐藤　寛・坂野雄二（2004）ひきこもり行動チェックリスト（HBCL）の開発および信頼性と妥当性の検討．カウンセリング研究，37（3）；210-220.）

Ⅱ　ひきこもり適応的行動尺度

　下記の質問は，ご本人の現在，もしくは過去3カ月以内（別居の場合，あなたが知りうるかぎり最近）の様子をお尋ねするものです。「全然ない：0」から「よくある：3」のうち，もっとも当てはまる数字1つを〇（丸）で囲んでください。ご本人には無関係だと思われる質問であっても，すべての質問について答えて下さい。

		全然ない	あまりない	ときどきある	よくある
1	達成感の得られることをする	0	1	2	3
2	目標に向けた取り組みをする	0	1	2	3
3	力を貸してくれるように家族以外の人に頼む	0	1	2	3
4	体調に応じて自分で受診する	0	1	2	3
5	家族との会話を避ける	0	1	2	3
6	適切な金銭管理をする	0	1	2	3
7	理想に近づくために努力する	0	1	2	3
8	他者を遊びに誘う	0	1	2	3
9	食事を家族と共にする	0	1	2	3
10	支援・医療機関の利用を避ける	0	1	2	3
11	就学や就労のための準備を避ける	0	1	2	3
12	身の回りのことを自分でする	0	1	2	3
13	社会参加をする	0	1	2	3
14	家族との話し合いに応じる	0	1	2	3
15	他者と会話をする	0	1	2	3

16	他者と交流する場に行く	0	1	2	3
17	家族以外の人に話しかける	0	1	2	3
18	他者と会うことを避ける	0	1	2	3
19	社会参加のために苦手なこともする	0	1	2	3
20	理想的な生活に向けて取り組む	0	1	2	3
21	自分の気持ちを家族以外の人に伝える	0	1	2	3
22	仕事・学校に行くのを避ける	0	1	2	3
23	他者と遊びに出掛ける	0	1	2	3
24	支援・医療機関の情報を調べる	0	1	2	3
25	呼び掛けに応じて外出する	0	1	2	3
26	家族に話しかける	0	1	2	3
27	家族と同じ部屋にいることを避ける	0	1	2	3
28	家族の呼び掛けに返事をする	0	1	2	3
29	仕事・学校に行く	0	1	2	3
30	自分が楽しめる活動をする	0	1	2	3
31	他者に頼ることを避ける	0	1	2	3
32	生活に必要なことを調べる	0	1	2	3
33	自ら外出する	0	1	2	3
34	家事をする	0	1	2	3
35	自分の気持ちを家族に伝える	0	1	2	3
36	力を貸してくれるように家族に頼む	0	1	2	3
37	就学や就労に必要な情報を集める	0	1	2	3
38	自分の欲しいものを買うために外出する	0	1	2	3

(Nonaka, S., Shimada, H., & Sakai, M. (2018) Assessing adaptive behaviors of individuals with hikikomori (prolonged social withdrawal): Development and psychometric evaluation of parent-report scale. International Journal of Culture and Mental Health, 11; 280-294.)

Ⅲ　ひきこもり状態に対する否定的評価尺度

　以下の項目は,「ひきこもり状態にある人」に対するあなた（このアンケートに答えている方）自身の考えにどのくらい当てはまりますか。最も当てはまる数字を1つだけ〇で囲んで下さい。回答に正解や間違いはありません。あなたが感じたとおりに〇をつけてください。

全くあてはまらない・・・0	ほとんどあてはまらない・・1
だいたいあてはまる・・・2	非常にあてはまる・・・・・3

1. 友達がいなければいけない・・・・・・・・・【　0　1　2　3　】

2. もっと努力すべきだ・・・・・・・・・・・【　0　1　2　3　】

3. 職場（アルバイトを含む）や学校には毎日行くべきだ
　・・・・・・・・・・・・・・・・・・・【　0　1　2　3　】

4. いずれは結婚して家庭を作るべきである・・・・【　0　1　2　3　】

5. 学校や社会に合わせて生きていかなければならない
　・・・・・・・・・・・・・・・・・・・【　0　1　2　3　】

6. 経済的に自立すべきだ・・・・・・・・・・【　0　1　2　3　】

7. 親の面倒をみるべきだ・・・・・・・・・・【　0　1　2　3　】

8. 働くべきだ・・・・・・・・・・・・・・・【　0　1　2　3　】

9. もっと外出すべきだ・・・・・・・・・・・【　0　1　2　3　】

10. 親のいうことを聞くべきだ・・・・・・・・【　0　1　2　3　】

11. 自分の気持ちをもっと話すべきだ・・・・・・【　0　1　2　3　】

12. 家族ともっと話をすべきだ・・・・・・・・・【　0　1　2　3　】

（境　泉洋・滝沢瑞枝・中村　光・植田健太・石川信一・永作　稔・佐藤　寛・井上敦子・嶋田洋徳・坂野雄二（2009）子どものひきこもり状態に対する親の否定的評価とストレス反応の関連. カウンセリング研究, 42（3）; 207-217.）

Ⅳ　ひきこもり状態にある人が示す問題行動への対処に関するセルフ・エフィカシー

　ひきこもり状態にある人が次のような行動を行ったとき，あなた（このアンケートに答えている方）はそれに対して，どの程度うまく対応できる自信がありますか。

　0〜10の間で，「非常に自信がある」場合を 10，「どちらでもない」場合を 5，「まったく自信がない」場合を 0 としたとき，あなたに最も当てはまる数字を 1 つだけ選び，○で囲んで下さい。

1.　家族へ暴力を振るったり，乱暴なことを言う
　【　0　−　1　−　2　−　3　−　4　−　5　−　6　−　7　−　8　−　9　−　10 】

2.　他人の言動に対して神経質になったり，他者に対して恐怖や不安を感じる
　【　0　−　1　−　2　−　3　−　4　−　5　−　6　−　7　−　8　−　9　−　10 】

3.　手を長時間洗うなど，強迫的な行動をする
　【　0　−　1　−　2　−　3　−　4　−　5　−　6　−　7　−　8　−　9　−　10 】

4.　家族と食事を一緒にしなかったり，家族に気づかれないように行動する
　【　0　−　1　−　2　−　3　−　4　−　5　−　6　−　7　−　8　−　9　−　10 】

5.　絶望感を口にしたり，自殺したいと訴える
　【　0　−　1　−　2　−　3　−　4　−　5　−　6　−　7　−　8　−　9　−　10 】

6.　服を着替えなかったり，時間通りに行動しない
　【　0　−　1　−　2　−　3　−　4　−　5　−　6　−　7　−　8　−　9　−　10 】

7.　ベタベタ甘えてくるなど，不可解な行動をとる
　【　0　−　1　−　2　−　3　−　4　−　5　−　6　−　7　−　8　−　9　−　10 】

8. 仕事に就いていなかったり，友人がいないなど社会に関わろうとしない

   【　0　－　1　－　2　－　3　－　4　－　5　－　6　－　7　－　8　－　9　－　10 】

9. 何を考えているのかわからなかったり，将来のことを考えようとしない

   【　0　－　1　－　2　－　3　－　4　－　5　－　6　－　7　－　8　－　9　－　10 】

10. 昼夜逆転しているなど，不規則な日常生活を送っている

   【　0　－　1　－　2　－　3　－　4　－　5　－　6　－　7　－　8　－　9　－　10 】

（境　泉洋・坂野雄二（2009）ひきこもり状態にある人の親のストレス反応に影響を与える認知的要因．行動療法研究, 35（2）; 133-143.）

V　ひきこもり関係機能尺度

　以下の質問は，日ごろのあなたとご本人との関わりについてお聞きするものです。以下のような会話場面でのご本人との関わりについて，当てはまるもの1つを丸（○）で囲んでください。

※実際に経験していないと思う状況であっても，すべての質問にお答えください。

	減る	少し減る	変わらない	少し増える	増える
1.「ありがとう」と言ってくれたので，あなたは「そう言ってくれてうれしいよ」と褒めました。その後，「ありがとう」と言われる回数はどうなりそうですか。	1	2	3	4	5
2.「ごはんおいしかったよ」と言ってくれたので，あなたは「そう言ってくれてうれしいよ」と褒めました。その後，「ごはんおいしかったよ」と言われる回数はどうなりそうですか。	1	2	3	4	5
3.「おはよう」と言ってくれたので，あなたは「そう言ってくれてうれしいよ」と褒めました。その後，「おはよう」と言われる回数はどうなりそうですか。	1	2	3	4	5
4. ご本人に将来のことを追及していましたが，自分の素直な気持ちを話してくれたので，それ以上の追及をやめました。その後，自分の素直な気持ちを話してくれる回数はどうなりそうですか。	1	2	3	4	5
5. ご本人に将来のことを追及していましたが，真剣に考えてくれたので，それ以上の追及をやめました。その後，真剣に考えてくれる回数はどうなりそうですか。	1	2	3	4	5

6. ご本人に将来のことを追及していましたが「心配して
   くれてありがとう」と言ってくれたので，それ以上の
   追及をやめました。その後，「心配してくれてありがと
   う」と言われる回数はどうなりそうですか。   1　2　3　4　5

---

7. 「うるさい」と言われたので，あなたは「そう言われる
   と嫌な気持ちになるよ」としかりました。その後，「う   1　2　3　4　5
   るさい」と言われる回数はどうなりそうですか。

8. 「わかったわかった」と言われたので，あなたは「そう
   言われると嫌な気持ちになるよ」としかりました。そ
   の後，「わかったわかった」と言われるる回数はどうな   1　2　3　4　5
   りそうですか。

9. 「ほっといてくれ」と言われたので，あなたは「そう言
   われると嫌な気持ちになるよ」としかりました。その後，
   「ほっといてくれ」と言われる回数はどうなりそうです   1　2　3　4　5
   か。

---

10. 「黙ってろ」と言われたので，あなたは会話をやめて
    その場から離れました。その後，「黙ってろ」と言わ   1　2　3　4　5
    れる回数はどうなりそうですか。

11. 「同じ事を何回も言うな」と言われたので，あなたは
    会話をやめてその場から離れました。その後，「同じ
    事を何回も言うな」と言われる回数はどうなりそうで   1　2　3　4　5
    すか。

12. 「死ね」と言われたので，あなたは会話をやめてその
    場から離れました。その後，「死ね」と言われる回数   1　2　3　4　5
    はどうなりそうですか。

（野中俊介・大野あき子・境　泉洋（2012）行動論的観点からみたひきこもり状態と家族
機能の関連．行動療法研究, 38（1），1-10.）

付録 4.「特定非営利活動法人　KHJ 全国ひきこもり家族会連合会支部」リスト

本部（事務局）
〒 170-0002　東京都豊島区巣鴨 3-16-12-301 ☎ 03-5944-5250　Fax03-5944-5290　info@khj-h.com

＊ 42 都道府県　59 支部（2017 年 8 月 23 日現在）

北海道・東北ブロック	
KHJ 北海道「はまなす」	北郷恵美子
〒 064-0824　北海道札幌市中央区北四条西 26 丁目 3-2 ☎ 090-3890-7048 ／ 011-631-0981（田中）　Fax011-631-0981　hamahasu@csc.jp	
KHJ 青森県「さくらの会」	下山洋雄
〒 030-0844　青森県青森市桂木 3-25-10 ☎ 090-8613-5561　Fax017-723-1754 aomori.aoi.cocoa@gmail.com ／ hiroo-shimoyama@k2.dion.ne.jp	
NPO 法人 岩手県青少年自立支援センター「ポランの広場」家族会	泉　勝夫
〒 020-0873　岩手県盛岡市松尾町 19-8 ☎ 019-605-8632　Fax019-605-8633　info@porannohiroba.net	
KHJ 岩手県「いわて石わりの会」	佐々木善仁（代理）
〒 029-2208　岩手県陸前高田市広田町字前花貝 80-21 ☎ 080-1830-9046　Fax019-613-4516　teammatsu01@gmail.com	
NPO 法人　KHJ 宮城県「タオ」	武田和浩
〒 987-2183　宮城県栗原市高清水袖山 62-18 ☎ 0228-58-4755 ／ 080-3193-6715　Fax0228-58-4756　npomakiba@yahoo.co.jp	
KHJ 石巻まきっこの会	高橋優磨
〒 987-0511　宮城県登米市迫町佐沼字江合 1-3-2 ☎ 080-6022-4478　yuumand+makicco@gmail.com	
KHJ 秋田ばっけの会	菅原　学（世話人）
〒 010-0201　秋田県潟上市天王字上狼縁 36-130 ☎ 090-6688-5216　zunoushisu300@yahoo.co.jp	
NPO 法人　から・ころセンター	伊藤正俊
〒 992-0026　山形県米沢市東 2-8-116 ☎ 0238-21-6436　Fax0238-21-6436　aozora-milk@ae.auone-net.jp	

認定 NPO 法人 山形県「発達支援研究センター」	髙橋信子
〒 990-0035 山形県山形市小荷駄町 2-7 SUN まち ☎ 023-623-6622 Fax023-622-7003 welcome.yamasapo@amail.plala.or.jp	
KHJ 福島県「花ももの会」	千葉桂子
〒 960-8066 福島県福島市矢剣町 22-5 NPO 法人 ビーンズふくしま内 ☎ 024-563-6255 Fax024-563-6233 k-chiba@beans-fukushima.or.jp	

関東ブロック

KHJ 茨城県「ひばりの会」	荒井 俊
〒 271-0063 千葉県松戸市北松戸 1-1-14 ユーカリハイツ 704 号室 ☎ 047-364-7332 Fax047-362-4065 info.friendspace@gmail.com	
NPO 法人 KHJ とちぎベリー会	齋藤三枝子
〒 320-0032 栃木県宇都宮市昭和 2-3-5 ☎ 028-627-6200 Fax028-627-6200 qoochan@mbm.nifty.com	
KHJ 群馬県「はるかぜの会」	榎本 明
〒 370-0126 群馬県伊勢崎市境下武士 2551-1 ☎ 080-3727-8726 enomoto0915@sun.gmobb.jp（榎本）／ enomoto0915@sun.gmobb.jp（榎本）	
NPO 法人 KHJ 埼玉けやきの会家族会	田口ゆりえ
〒 331-0805 埼玉県さいたま市北区盆栽町 190 番地 3 ☎ 048-651-7353 ／ 080-3176-6674 Fax048-651-7353 taguchi-yurie@galaxy.ocn.ne.jp	
NPO 法人 KHJ 千葉県なの花会	藤江幹子
〒 267-0055 千葉県千葉市緑区越智町 1701-275 ☎ 070-2191-4888 Fax043-294-7629 nrg16088@nifty.com ／ nanohanakai2003@yahoo.co.jp	
KHJ 西東京「萌の会」	須賀啓二
〒 121-0064 東京都足立区保木間 2-8-13 ☎ 03-3883-2358 Fax03-3883-2358 moenokai2010@gmail.com	
グループコスモス	田中好和
〒 143-0012 東京都大田区大森東 3-5-9（田中方） ☎ 03-3298-8324（田中） cosmos.tokyo@gmail.com	
NPO 法人 楽の会リーラ	市川乙允
〒 170-0002 東京都豊島区巣鴨 3-16-12 第二塚本ビル 202 号室 ☎ 03-5944-5730 Fax03-5944-5730 otochika@wf6.so-net.ne.jp	
KHJ 町田家族会	上野亨二
〒 195-0063 東京都町田市野津田町 3577-3 ☎ 042-810-3553 Fax042-810-3553 kojikoji2@jcom.home.ne.jp	

KHJ 神奈川県「虹の会」	安田賢二
〒 221-0835　神奈川県横浜市神奈川区鶴屋町 2-24-2　かながわ県民センター 12 階 かながわボランティアセンター気付　No. ② KHJ 神奈川県「虹の会」 ☎ 080-2107-1171　ke0601yasuda@msn.com	
KHJ 横浜ばらの会	鈴木恵美子
〒 232-0002 神奈川県横浜市南区三春台 139-18 ☎ 045-253-3107　Fax045-253-3107　yoepi.emizu.suzu@gmail.com	
KHJ 山梨県桃の会	篠原博子
〒 409-0126　山梨県上野原市コモアしおつ 1-4-3 ☎ 0554-66-4073 ／ 090-6190-8677　Fax0554-66-4073　hiyoko-san.622@softbank.ne.jp	
KHJ 長野県らい鳥の会	唐澤秀明
〒 396-0026　長野県伊那市西町 6022-3　城南町市営住宅 C210 ☎ 080-3433-4904　elfa4krsw@sky.plala.or.jp	

北陸ブロック	
KHJ 長岡フェニックスの会	大矢哲裕（代行）
〒 940-0082　新潟県長岡市千歳 1-3-42　ながおか心のクリニック内 ☎ 0258-38-5001　Fax0258-38-5002　nagaoka.kokoro@gmail.com	
NPO 法人　KHJ にいがた「秋桜の会」	三膳克弥
〒 950-0167　新潟県新潟市江南区五月町 1-2-9 ☎ 025-382-6912 ／ 090-8873-4453　Fax025-382-6912 khj-niigata@amail.plala.or.jp	
KHJ はぁとぴあ家族会	高和洋子
〒 933-0341　富山県射水市三ヶ伊勢領 2467-2F　支援センターフレンズ ☎ 0766-86-3891 ／ 090-2035-3116　Fax0766-86-3891　heartopia21@gmail.com	
ひきこもり家族自助会　とやま大地の会	島田朋子
〒 939-8044　富山県富山市太田南町 179-8 ☎ 080-3746-2204　tomoko_s60@hotmail.com	
KHJ 北陸会	所田澄子
〒 920-0813　石川県金沢市御所町丑 57 ☎ 076-252-4856　Fax076-252-4856　shoda@globe.ocn.ne.jp	
KHJ 石川県南加賀支部「いまここ親の会」	大久保　卓
〒 922-0112　石川県加賀市山中温泉西桂木町ヌ 26　たんぽぽの家 ☎ 070-5633-2667	
KHJ 福井すいせんの会	近藤茂樹
〒 918-8057　福井県福井市加茂河原 1-5-10 ☎ 0776-34-1470 ／ 090-9442-5859　Fax0776-34-1470	

東海ブロック	
KHJ 岐阜県「岐阜オレンジの会」	水谷理恵
〒 453-0015　愛知県名古屋市中村区椿町 19-7　チサンマンション椿町 304 ☎ 052-459-5116　Fax052-459-5116　nagoya@orange-net.info	
KHJ 静岡県「いっぷく会」	中村彰男
〒 422-8017　静岡県静岡市駿河区大谷 3800-190　nakamura2s@yahoo.co.jp ☎ 090-3952-5810 ／ 054-238-0219　Fax054-238-0247	
NPO 法人　てくてく	山本洋見
〒 432-8054　静岡県浜松市南区田尻町 208-2 ☎ 053-442-6365 ／ 090-1416-6224　tekutekuiku109@bj8.so-net.ne.jp	
豊田・大地の会	土田芳次
〒 470-1211　愛知県豊田市猿部東町上梅ノ木 12 ☎ 0565-21-0177 ／ 090-4794-5918(土田）　t-chan@wine.ocn.ne.jp	
KHJ 東海 NPO 法人　なでしこの会	田中義和
〒 467-0825　愛知県名古屋市瑞穂区柳ヶ枝 1-22-7 ☎ 052-882-1119　Fax052-882-1119　space-friendship@chorus.ocn.ne.jp	
NPO 法人　オレンジの会	山田孝介
〒 453-0015　愛知県名古屋市中村区椿町 19-7　チサンマンション椿町 304 ☎ 052-459-5116　Fax052-459-5116　nagoya@orange-net.info	
KHJ 三重県「みえオレンジの会」	中島久智
〒 513-0801　三重県鈴鹿市神戸 6-6-28 ☎ 090-6469-5783　m-orange@mecha.ne.jp	

近畿ブロック	
生存協同組合京都・ライフアート	町田弘樹
〒 605-0037　京都府京都市東山区三条通白川橋東入二丁目西町 151　ライフアート ☎ 075-751-7276 ／ 090-3825-3156　isisshuppan@gmail.com	
NPO 法人　大阪虹の会	前川　実
〒 592-0011　大阪府高石市加茂 1-13-26 ☎ 072-265-2021　Fax072-265-2021　osakanijinokai@gmail.com	
NPO 法人　KHJ「つばさの会大阪」	大塚　洋
〒 573-0027　大阪府枚方市大垣内町 1-3-1　マインドビル 4F ☎ 072-844-2423 ／ 090-4308-4259　Fax072-844-2423　tapis@osb.att.ne.jp	
KHJ 情報センターふきのとう姫路（兵庫県ひきこもり世話人連絡会）	櫛橋行雄
〒 670-0896　兵庫県姫路市上大野 1-11-6 ☎ 079-224-5259　Fax079-224-5259　fukinoto-himeji9484@meg.winknet.ne.jp	

兵庫県宍粟支部　ひまわりの家家族会	松本むつみ（前野伸輔）
〒 671-2552　兵庫県宍粟市山崎町段 194-1 ☎ 0790-65-9205　himawarinoie@tuba.ocn.ne.jp	
KHJ 奈良県わかくさの会	須知晴美
〒 610-0361　京都府京田辺市河原東久保田 3-12-405 ☎ 090-2040-3339　canday201433@yahoo.co.jp	

中国ブロック	
KHJ 鳥取県らくだ会	田中隆雄
〒 680-0074　鳥取県鳥取市卯垣 5-60-F-4 ☎ 090-4653-2554　ttnk@sea.plala.or.jp	
NPO 法人　KHJ 岡山きびの会	川島烇三
〒 708-0821　岡山県津山市野介代 526-30 ☎ 090-7541-5263　Fax0868-23-3294 hanaya@ninus.ocn.ne.jp ／ kaichan_kawa@ybb.ne.jp	
KHJ 広島もみじの会	藤岡清人
〒 733-0002　広島県広島市西区楠木町 1-8-11（NPO 法人　CROSS 内） ☎ 082-942-3160　Fax082-924-3162	
KHJ 福山「ばらの会」	中村友紀
〒 720-0031　広島県福山市西町 1-1-1　リム・ふくやま 9 階 ☎ 090-4655-3358　info@dreamswitch.org	
KHJ 山口県「きらら会」	上田十太
〒 759-4102　山口県長門市西深川 2850-3 ☎ 0837-22-5495　Fax0837-22-5495 0ab385122x2535f@ezweb.ne.jp ／ pc334422@jf6.so-net.ne.jp	

四国ブロック	
KHJ 徳島県つばめの会	高橋浩爾
〒 770-0847　徳島県徳島市幸町 3-33　徳島インマヌエル教会内 ☎ 0883-24-0507 ／ 090-1325-2740　Fax0883-24-0507　alfa@ken-d.com（岡本）	
NPO 法人　KHJ 香川県オリーブの会	（事務局）
〒 760-0043　香川県高松市今新町 4-20 ☎ 087-802-2568　info@khj-olive.com	
KHJ 愛媛県こまどりの会	武田邦寛
〒 791-8012　愛媛県松山市姫原 2-7-33　サントノーレ姫原 505 ☎ 090-7578-4214　Fax089-923-3367　ktroad9990@gmail.com	

KHJ 高知県親の会「やいろ鳥」の会	坂本　勲
〒 781-8131　高知県高知市一宮しなね 1-14-10-1 ☎ 090-3184-8109　Fax088-862-0740　ja5cin@arion.ocn.ne.jp	

九州・沖縄ブロック

KHJ 福岡県「楠の会」	吉村文恵
〒 810-0016　福岡県福岡市中央区平和 3-13-6-104　亀田洋方 ☎ 090-8222-7403　Fax092-731-3091　fumi-montan@kud.biglobe.ne.jp	
NPO 法人　熊本ブランチ	武井敬蔵
〒 860-0072　熊本県熊本市花園 7-2435-12 ☎ 096-322-3548　Fax096-322-3787　branch2002@hotmail.co.jp	
NPO 法人　KHJ 大分県「大分ステップの会」	松本太郎
〒 879-5102　大分県由布市湯布院町川上 3604-14 ☎ 0977-84-4310／090-1163-8582　Fax0977-84-4310 taro.220@ezweb.ne.jp	
KHJ みやざき「楠の会」	植田美紀子
〒 880-0944　宮崎県宮崎市江南 4-9-9　植田方　☎ 0985-53-2666／090-9603-8780 Fax0985-53-2666　ueda@miyazaki-catv.ne.jp	
KHJ 鹿児島県「楠の会」	吉留純隆
〒 896-0078　鹿児島県いちき串木野市生福 10504-3 ☎ 090-4988-6961　snoop@piano.ocn.ne.jp	
KHJ 沖縄「てぃんさぐぬ花の会」	平良玲奈
〒 900-0004　沖縄県那覇市銘苅 2-3-1　なは市民活動支援センター内 ☎ 070-5277-2036　khjokinawa@gmail.com	
KHJ 石垣島ピパーチの会	伊良皆
〒 907-0022　沖縄県石垣市大川 213-1　3F ☎ 0980-87-0146　Fax0980-87-0146　p.oyanokai@gmail.com	

付録5.「ひきこもり地域支援センター」リスト

（平成 28 年 12 月 1 日現在）

No	名　称	郵　便	住　所	電　話
1	北海道ひきこもり成年相談センター	003-0029	札幌市白石区平和通 17 丁目北 1-13	011-863-8733
2	青森県ひきこもり地域支援センター	038-0031	青森市三内字沢部 353-92 青森県立精神保健福祉センター内	017-787-3953
3	岩手県ひきこもり支援センター	020-0015	盛岡市本町通 3-19-1 岩手県福祉綜合相談センター 4F	019-629-9617
4	宮城県ひきこもり地域支援センター	989-6117	大崎市古川旭 5 丁目 7-20 宮城県精神保健福祉センター 2F	0229-23-0024
5	秋田県ひきこもり相談支援センター	010-0001	秋田市中通 2 丁目 1-51 秋田県精神保健福祉センター内	018-831-2525
6	ひきこもり相談支援窓口「自立支援センター巣立ち」	990-0021	山形市小白川町 2-3-30 山形県精神保健福祉センター 2F	023-631-7141
7	福島県ひきこもり支援センター	960-8153	福島市黒岩田部屋 53-5 福島県青少年会館 1F	024-546-0006
8	茨城県ひきこもり相談支援センター	310-0852	水戸市笠原町 993-2 茨城県精神保健福祉センター内	029-244-1571
9	栃木県子ども若者・ひきこもり総合相談センター「ポラリス☆とちぎ」	320-0055	宇都宮市下戸祭 2-3-3	028-643-3422
10	ひきこもり支援センター	379-2166	前橋市野中町 368 群馬県こころの健康センター内	027-287-1121
11	埼玉県ひきこもり相談サポートセンター	343-0042	越谷市千間台東 1-2-1　白石ビル 2F	048-971-5613
12	千葉県ひきこもり地域支援センター	260-0801	千葉市中央区仁戸名町 666-2 千葉県精神保健福祉センター内	043-209-2223
13	東京都ひきこもりサポートネット	160-0023	東京都新宿区西新宿 2-8-1	03-5978-2043
14	かながわ子ども・若者総合相談センター（ひきこもり地域支援センター）	220-0044	横浜市西区紅葉ヶ丘 9-1 神奈川県立青少年センター内	045-242-8201
15	新潟県ひきこもり地域支援センター	950-0994	新潟市中央区上所 2-2-3 新潟県精神保健福祉センター内	025-280-5201
16	富山県ひきこもり地域支援センター	939-8222	富山市蜷川 459-1 富山県心の健康センター内	076-428-0616
17	石川県こころの健康センター（ひきこもり地域支援センター）	920-8201	金沢市鞍月東 2 丁目 6 番地	076-238-5750

No	名　称	郵　便	住　所	電　話
18	福井県ひきこもり地域支援センター	910-0026	福井市光陽 2 丁目 3-36 福井県総合福祉相談所内	0776-26-4400
19	山梨県ひきこもり相談窓口	400-0005	甲府市北新 1 丁目 2-12 山梨県福祉プラザ内	055-254-7231
20	長野県ひきこもり支援センター	380-0928	長野市若里 7-1-7 長野県精神保健福祉センター内	026-227-1810
21	岐阜県ひきこもり地域支援センター	502-0851	岐阜市鷺山向井 2563-18 岐阜県障がい者総合相談センター内	058-231-9724
22	静岡県ひきこもり支援センター	422-8031	静岡市駿河区有明町 2-20 静岡県精神保健福祉センター内	054-286-9219
23	あいちひきこもり地域支援センター	460-0001	名古屋市中区三の丸 3-2-1 東大手庁舎 愛知県精神保健福祉センター内	052-962-3088
24	三重県ひきこもり地域支援センター	514-0003	津市桜橋 3 丁目 446-34 （三重県こころの健康センター内）	059-223-5243
25	滋賀県ひきこもり支援センター	525-0072	草津市笠山 8-4-25 滋賀県立精神保健福祉センター内	077-567-5058
26	初期型ひきこもり訪問応援「チーム絆」	605-0862	京都市東山区清水 4-185-1 京都府家庭支援総合センター内	075-531-5255
27	大阪府ひきこもり地域支援センター	558-0056	大阪市住吉区万代東 3-1-46 大阪府こころの健康総合センター内	06-6697-2750
28	兵庫ひきこもり相談支援センター	651-2304	神戸市西区神出町小束野 30 県立神出学園内　他 地域ブランチ（5 カ所）	078-977-7555
29	奈良県ひきこもり相談窓口	630-8213	奈良市登大路町 30 番地 奈良県庁 1 階　青少年・生涯学習課内	0742-27-8130
30	和歌山県ひきこもり地域支援センター	640-8319	和歌山市手平 2-1-2 県民交流プラザ和歌山ビッグ愛 2F 和歌山県精神保健福祉センター内	073-435-5194
31	とっとりひきこもり生活支援センター	680-0811	鳥取市西品治 863-1	0857-20-0222
32	島根県ひきこもり支援センター	690-0011	島根県松江市東津田町 1741 番地 3 いきいきプラザ島根 2F 県立心と体の相談センター内	0852-21-2885
33	広島ひきこもり相談支援センター（中部・北部センター）	739-0323	広島市安芸区中野東 4 丁目 5-25	082-893-5242
34	広島ひきこもり相談支援センター（西部センター）	733-0002	広島市西区楠木町 1 丁目 8-11	082-942-3161
35	広島ひきこもり相談支援センター（東部センター）	729-2361	三原市小泉町 4245	0848-66-0367

No	名　称	郵　便	住　所	電　話
36	ひきこもり地域支援センター	747-0801	防府市駅南町 13-40 防府総合庁舎 2 階	0835-27-3480
37	ひきこもり地域支援センター「きのぼり」	770-0855	徳島市新蔵町 3 丁目 80 徳島県精神保健福祉センター内	088-602-8911
38	香川県ひきこもり地域支援センター「アンダンテ」	760-0068	高松市松島町 1-17-28 香川県高松合同庁舎 4F	087-804-5115
39	愛媛県心と体の健康センター「ひきこもり相談室」	790-0811	松山市本町 7-2 愛媛県総合保健福祉センター内	089-911-3883
40	高知県ひきこもり地域支援センター	780-0850	高知市丸ノ内 2-4-1　保健衛生総合庁舎 2F 高知県精神保健福祉センター内	088-821-4508
41	福岡県ひきこもり地域支援センター	816-0804	春日市原町 3 丁目 1-7　南側 2F 福岡県精神保健福祉センター内	092-582-7530
42	長崎県ひきこもり地域支援センター	852-8114	長崎市橋口町 10-22	095-846-5115
43	熊本県ひきこもり地域支援センター「ゆるここ」	862-0920	熊本市東区月出 3 丁目 1-120 熊本県精神保健福祉センター内	096-386-1177
44	青少年自立支援センター（おおいたひきこもり地域支援センター）	870-0037	大分市東春日町 17 番 19 号 大分ソフィアプラザビル 4F	097-534-4650
45	宮崎県ひきこもり地域支援センター	880-0032	宮崎市霧島 1 丁目 1 番地 2 宮崎県総合保健センター 4 階南	0985-27-8133
46	ひきこもり地域支援センター	890-0064	鹿児島市鴨池新町 1 番 8 号 鹿児島県青少年会館 2 階	099-257-8230
47	沖縄県ひきこもり専門支援センター	901-1104	島尻郡南風原町字宮平 212-3 沖縄県立総合精神保健福祉センター内	098-888-1455
48	札幌市ひきこもり地域支援センター	003-0029	札幌市白石区平和通 17 丁目北 1-13 こころのリカバリー総合支援センター内	011-863-8733
49	仙台市ひきこもり地域支援センター「ほわっと・わたげ」	984-0823	仙台市若林区遠見塚 1-18-48	022-285-3581
50	さいたま市ひきこもり相談センター	338-0003	さいたま市中央区本町東 4-4-3 さいたま市こころの健康センター内	048-851-5660
51	千葉市ひきこもり地域支援センター	261-0003	千葉市美浜区高浜 2-1-16 千葉市こころの健康センター内	043-204-1606
52	横浜市青少年相談センター（ひきこもり地域支援センター）	232-0024	横浜市南区浦舟町 3-44-2	045-260-6615
53	川崎市精神保健福祉センター（ひきこもり・思春期相談）	210-0004	川崎市川崎区宮本町 2-32 JA セレサみなみビル 4 階	044-200-3246

No	名称	郵便	住所	電話
54	新潟市ひきこもり相談支援センター	950-0082	新潟市中央区東万代町 9-1 万代市民会館 5 階	025-278-8585
55	静岡市ひきこもり地域支援センター「Dan Dan しずおか」	422-8074	静岡市駿河区南八幡町 3 番 1 号 市立南部図書館 2 階	054-260-7755
56	浜松市ひきこもり地域支援センター	430-0929	浜松市中区中央一丁目 12-1 県浜松総合庁舎 4 階	053-457-2709
57	名古屋市ひきこもり地域支援センター	453-0024	名古屋市中村区名楽町 4-7-18	052-483-2077
58	京都市ひきこもり地域支援センター	604-8147	京都市中京区東洞院通六角下ル御射山町 262　子ども・若者支援室内	075-708-5425
59	京都市ひきこもり地域支援センター	604-8845	京都市中京区壬生東高田町 1-15 京都市こころの健康増進センター内	075-314-0874
60	大阪市ひきこもり地域支援センター	534-0027	大阪市都島区中野町 5-15-21 都島センタービル 3F 大阪市こころの健康センター内	06-6922-8520
61	堺市ひきこもり地域支援センター	590-0946	堺市堺区熊野町東 4-4-19 平成ビル 601 号室 堺市ユースサポートセンター内	072-229-3900
62	堺市ひきこもり地域支援センター	590-0808	堺市堺区旭ヶ丘中町 4-3-1 堺市立健康福祉プラザ 3 階 堺市こころの健康センター内	072-245-9192
63	神戸市ひきこもり地域支援センター「ラポール」	652-0805	神戸市兵庫区羽坂通 4 丁目 2-22	078-945-8079
64	岡山市ひきこもり地域支援センター	700-0914	岡山市北区鹿田町 1-1-1	086-803-1326
65	北九州市ひきこもり地域支援センター「すてっぷ」	804-0067	北九州市戸畑区汐井町 1-6 ウェルとばた 2F	093-873-3132
66	福岡市ひきこもり支援センター「わんど」	813-0004	福岡市東区松香台 2 丁目 3-1 九州産業大学大学院付属　臨床心理センター内	092-673-5804
67	福岡市ひきこもり成年地域支援センター「よかよかルーム」	810-0073	福岡市中央区舞鶴 2-5-1 あいれふ 3F	092-716-3344
68	熊本市ひきこもり支援センター「りんく」	862-0971	熊本市中央区大江 5-1-1 ウェルパルくまもと 3F	096-366-2220

※上記は，国の「ひきこもり対策推進事業」による補助を受けて設置されるセンターの一覧であり，自治体によっては，上記以外にひきこもりの方々に対応するための相談窓口を設置している場合がある。

付録6.「地域若者サポートステーション」リスト

（2017 年 8 月現在）

No	名　称	郵便	住所	電話
1	さっぽろ若者サポートステーション	060-0054	北海道札幌市中央区南 1 条東 2 丁目 6 大通バスセンタービル 2 号館 2 階	011-223-4421
2	岩見沢地域若者サポートステーション	068-0024	北海道岩見沢市 4 条西 5 丁目 理光ビル 4 階	0126-25-0601
3	あさひかわ若者サポートステーション	070-0032	北海道旭川市 2 条 7 丁目 227 － 1 マルカツ 5 階	0166-73-9228
4	くしろ若者サポートステーション	085-0015	北海道釧路市北大通 12 丁目 1 番 14 号 ビケンワークビル 3 階	0154-68-5102
5	はこだて若者サポートステーション	040-0054	北海道函館市元町 14-1	0138-22-0325
6	とまこまい若者サポートステーション	053-0025	北海道苫小牧市本町 1 丁目 1-4 コーポハマナス 1F	0144-82-7141
7	オホーツク若者サポートステーション	090-0064	北海道北見市美芳町 5 丁目 2-13 ライズビル 1F	0157-57-3136
8	おびひろ若者サポートステーション	080-0016	北海道帯広市西 6 条南 6 丁目 3 ソネビル 2 階	0155-67-5202
9	あおもり若者サポートステーション	030-0862	青森県青森市古川 1 丁目 15-10 スカイビル 2F	017-757-9361
10	はちのへ若者サポートステーション	031-0042	青森県八戸市大字十三日町 4-1-1F	0178-51-8582
11	ひろさき若者サポートステーション	036-8182	青森県弘前市土手町 134-8 株式会社 I・M・S 2F	0172-35-4851
12	もりおか若者サポートステーション	020-0022	岩手県盛岡市大通 3 丁目 2-8 岩手金属工業会館 2 階	019-601-6638
13	みやこ若者サポートステーション	027-0085	岩手県宮古市黒田町 7-12	019-601-6638
14	いちのせき若者サポートステーション	021-0881	岩手県一関市大町 4-29 なのはなプラザ 4F	0191-48-4467
15	せんだい若者サポートステーション	983-0852	宮城県仙台市宮城野区榴岡 4-4-10 国伊ビル 4F	022-385-5284
16	みやぎ北若者サポートステーション	989-6162	宮城県大崎市古川駅前大通 1-5-18 ふるさとプラザ 1F	0229-21-7022
17	石巻地域若者サポートステーション	936-0815	宮城県石巻市中里二丁目 1-8-2 SE ビル 2 階	0225-90-3671
18	あきた若者サポートステーション	010-1413	秋田県秋田市御所野地蔵田 3 丁目 1-1 秋田テルサ 3F	018-892-6021
19	秋田県南若者サポートステーションよこて	013-0044	秋田県横手市横山町 1-1 すこやか横手 1F	0182-23-5101
20	庄内地域若者サポートステーション	998-0044	山形県酒田市中町 2-5-10 酒田産業会館 1 階	0234-23-1777
21	置賜若者サポートステーション	992-0075	山形県米沢市赤芝町字川添 1884 番地	0238-33-9137
22	やまがた若者サポートステーション	990-0035	山形県山形市小荷駄町 2-7 SUN まち内	023-679-3266

No	名　称	郵　便	住　所	電　話
23	ふくしま地域若者サポートステーション	960-8066	福島県福島市矢剣町 22-5	024-563-6222
24	こおりやま若者サポートステーション	963-8022	福島県郡山市西ノ内 1 丁目 21-4 白龍ビル 1F	024-954-3890
25	いわき若者サポートステーション	970-8026	福島県いわき市平字南町 34-3	0246-68-7915
26	会津地域若者サポートステーション	965-0000	福島県会津若松市一箕町大字亀賀藤原 52 番地 ヨークベニマル一箕町店 隣接テナント	0242-32-0011
27	ふくしま県南地域若者サポートステーション	961-8055	福島県西白河郡西郷村道南西 14-2	0248-21-9730
28	いばらき若者サポートステーション	310-0022	茨城県水戸市梅香 2 丁目 1 番 39 号 茨城県労働福祉会館 2・3 階	029-300-4570
29	いばらき県西若者サポートステーション	308-0845	茨城県筑西市西方 1790-29	0296-54-6012
30	いばらき県南若者サポートステーション	305-0033	茨城県つくば市東新井 28-4 荒井マンション II 2-C	029-893-3380
31	とちぎ若者サポートステーション	321-0964	栃木県宇都宮市駅前通り 1-5-13 サエラビル 3 階	028-612-2341
32	とちぎ県南若者サポートステーション	323-0023	栃木県小山市中央町 3-7-1 ロブレ 6 階 小山市立生涯学習センター内	0285-25-7002
33	とちぎ県北若者サポートステーション	329-2732	栃木県那須塩原市一区町 105-89	0287-47-5200
34	ぐんま若者サポートステーション	371-0022	群馬県前橋市千代田町 2-5-1 前橋テルサ 5F	027-233-2330
35	ぐんま若者サポートステーション　東毛常設サテライト	373-0821	群馬県太田市下浜田町 1088-2 太田市勤労青少年ホーム 2F	0276-57-8222
36	かわぐち若者サポートステーション	332-0015	埼玉県川口市川口 3-2-2 川口若者ゆめワーク 3F	048-255-8680
37	深谷若者サポートステーション	366-0824	埼玉県深谷市西島 4-2-61 ウエストビル 2F	048-577-4727
38	地域若者サポートステーションさいたま	330-0854	埼玉県さいたま市大宮区桜木町 1-7-5 ソニックシティビル B1	048-650-9898
39	埼玉とうぶ若者サポートステーション	344-0061	埼玉県春日部市粕壁東 1-19-14 ホワイトストーンビル 1F	048-741-6583
40	いちかわ・うらやす若者サポートステーション	272-0122	千葉県市川市宝 2-10-18 1 階	047-395-3053
41	かしわ若者サポートステーション	277-0004	千葉県柏市柏下 66-1 柏市保健勤労会館 2F	04-7100-1940
42	ちば北総地域若者サポートステーション	286-0044	千葉県成田市不動ヶ岡 1113-1 成田市勤労会館内 事務所 2F	0476-37-6844
43	ちば南部地域若者サポートステーション	292-0831	千葉県木更津市富士見 1-1-1 たちより館 2 階	0438-23-3711
44	ふなばし若者サポートステーション	273-0011	千葉県船橋市湊町 2-1-2 Y.M.A.Office ビル 5 階	047-437-6003
45	ちば南東部地域若者サポートステーション	297-0028	千葉県茂原市道表 1 番地 茂原市役所 9 階	0475-23-5515

No	名　称	郵　便	住　所	電　話
46	まつど地域若者サポートステーション	271-0092	千葉県松戸市松戸 2060 松戸商工会議所 別館 2 階	047-703-8301
47	ちば若者サポートステーション	261-0026	千葉県千葉市美浜区幕張西 4-1-10 ちば仕事プラザ内	043-351-5531
48	あだち若者サポートステーション	120-0034	東京都足立区千住 1-4-1 東京芸術センタービル 8F	03-3882-4307
49	たちかわ若者サポートステーション	190-0011	東京都立川市高松町 2-9-22 生活館ビル 4 階 403 号	042-529-3378
50	みたか地域若者サポートステーション	181-0013	東京都三鷹市下連雀 4-15-31 有本ビル 1 階	0422-70-5067
51	しんじゅく若者サポートステーション	169-0075	東京都新宿区高田馬場 3 丁目 8-5 安永ビル 2 階	03-5332-6110
52	せたがや若者サポートステーション	154-0001	東京都世田谷区池尻 2-4-5 IID 世田谷ものづくり学校内 3 階	03-5779-8222
53	いたばし地域若者サポートステーション	173-0004	東京都板橋区板橋 3-6-17 SKT 板橋ビル 2 階	03-6915-5731
54	ねりま若者サポートステーション	179-0074	東京都練馬区春日町 4-16-9 春日町青少年館 3 階	03-5848-8341
55	ちょうふ若者サポートステーション	182-0022	東京都調布市国領町 2-5-15 コクティー 2 階 調布市市民プラザあくろす 多目的室	042-444-7975
56	多摩地域若者サポートステーション	197-0003	東京都福生市熊川 1712 笠原ビル 401 八王子サテライト：八王子市明神町 2-26-4 アーバンプラザ IZUMI301	042-513-0577
57	よこはま若者サポートステーション	220-0004	神奈川県横浜市西区北幸 1-11-15 横浜 ST ビル 3 階	045-290-7234
58	さがみはら若者サポートステーション	252-0143	神奈川県相模原市緑区橋本 6-2-1 シティ・プラザはしもと 6 階（総合就職支援センター内）	042-703-3861
59	湘南・横浜若者サポートステーション	247-0055	神奈川県鎌倉市小袋谷 1-6-1 2・3 階	0467-42-0203
60	かわさき若者サポートステーション	213-0001	神奈川県川崎市高津区溝口 1 丁目 6 番 10 号 川崎市生活文化会館「てくのかわさき」3 階	044-850-2517
61	神奈川県西部地域若者サポートステーション	250-0045	神奈川県小田原市城山 1-6-32 S ビル 2 階	0465-32-4115
62	神奈川県央地域若者サポートステーション	243-0018	神奈川県厚木市中町 2 丁目 12-15 アミューあつぎ 7F「あつぎ市民交流プラザ」内	046-297-3067
63	三条地域若者サポートステーション	955-0844	新潟県三条市桜木町 12-38 三条ものづくり学校 2 階 216 号室	0256-32-3374
64	三条地域若者サポートステーション　佐渡サテライト	952-0318	新潟県佐渡市真野新町 489 番地 佐渡市真野行政サービスセンター 2 階	0259-67-7367
65	新潟地域若者サポートステーション	958-0023	新潟県新潟市中央区弁天 2-2-18 新潟 KS ビル ハローワークプラザ新潟 2F「若者しごと館」内	025-255-0099
66	下越地域若者サポートステーション	957-0053	新潟県新発田市中央町 1-2-1 渡辺ビル 1 階	0254-28-8735

No	名　称	郵　便	住　所	電話
67	下越地域若者サポートステーション　村上常設サテライト	958-023	新潟県村上市瀬波上町 4-1 村上市勤労青少年ホーム内	0254-50-1553
68	長岡地域若者サポートステーション	940-0033	新潟県長岡市今朝白 1-10-12 2 階	0258-86-7730
69	上越地域若者サポートステーション	943-0892	新潟県上越市寺町 2-20-1 上越市福祉交流プラザ内	025-524-3185
70	富山県若者サポートステーション	930-0805	富山県富山市湊入船町 9-1 とやま自遊館 2 階	076-445-1998
71	高岡地域若者サポートステーション	933-0871	富山県高岡市駅南 1-1-18 中野ビル 1F	0766-24-4466
72	にいかわ地域若者サポートステーション	938-0037	富山県黒部市新牧野 103 ファーストビル 3F	0765-57-2446
73	若者サポートステーション石川	920-0935	石川県金沢市石引 4-17-1 石川県本多の森庁舎 1 階	076-235-3060
74	ふくい若者サポートステーション	910-0026	福井県福井市光陽 2 丁目 3-22 福井県社会福祉センター 1F	0776-21-0311
75	ぐんない若者サポートステーション	403-0005	山梨県富士吉田市上吉田 2-4-19 富久澄ビル 2F	0555-23-0080
76	やまなし若者サポートステーション	409-3803	山梨県中央市若宮 49-7 山梨県キャリアコンサルティング協会内	055-244-3033
77	しおじり若者サポートステーション	399-0706	長野県塩尻市広丘原新田 282-2	0263-54-6155
78	いな若者サポートステーション	396-0023	長野県伊那市山寺 1851-1 福澤ビル 2F	090-8476-6210
79	ながの若者サポートステーション	380-0837	長野県長野市南長野新田町 1482-2 ロン都新田町ビル 1F	026-213-6051
80	若者サポートステーション・シナノ	386-0024	長野県上田市大手 2 丁目 3-4 大手ビル 2F	0268-75-2383
81	岐阜県若者サポートステーション	500-8856	岐阜県岐阜市橋本町 1-10-1 アクティブ G2 階	058-216-0125
82	岐阜県若者サポートステーション　飛騨高山サテライト	506-0025	岐阜県高山市天満町 5-1-25 飛騨地域地場産業振興センター 4 階	0577-35-4770
83	しずおか東部若者サポートステーション	411-0855	静岡県三島市本町 12-4 小林ビル 2 階及び 3 階	055-943-6641
84	静岡地域若者サポートステーション	424-0823	静岡県静岡市清水区島崎町 223 番地 清水テルサ 2F	054-351-7555
85	地域若者サポートステーションはままつ	430-0929	静岡県浜松市中区中央 1 丁目 13-3 浜松市若者コミュニティプラザ内	053-453-8743
86	地域若者サポートステーションかけがわ	430-0030	静岡県掛川市杉谷南一丁目 1 番 30 号 希望の丘中部ふくしあ 1 階	0537-61-0755
87	がまごおり若者サポートステーション	443-0043	愛知県蒲郡市元町 9-9	0533-67-3201
88	なごや若者サポートステーション	443-0043	愛知県名古屋市北区柳原 3-6-8 ユースクエア（名古屋市青少年交流プラザ内）	052-700-2396

No	名　称	郵　便	住　所	電　話
89	安城若者サポートステーション	446-0031	愛知県安城市朝日町 14-1 朝日ビル 3 階	0566-95-3137
90	豊田市若者サポートステーション	471-0034	愛知県豊田市小阪本町 1-25 豊田産業文化センター 1 階	0565-33-1533
91	とよはし若者サポートステーション	441-8087	愛知県豊橋市牟呂町字東里 26 番地 豊橋市青少年センター内	0532-48-7808
92	いちのみや若者サポートステーション	491-0858	愛知県一宮市栄 3 丁目 1 番 2 号 i- ビル 6 階 一宮市ビジネス支援センター内	0586-64-6349
93	春日井若者サポートステーション	486-0825	愛知県春日井市中央通 1 丁目 88 番地 駅前第 3 共同ビル 4 階	0568-37-1583
94	ちた地域若者サポートステーション	475-0857	愛知県半田市広小路町 155 番地の 3 クラシティ 3 階	0569-89-7947
95	若者就業サポートステーション・みえ	514-0009	三重県津市羽所町 700 番地 アスト津 3 階	059-271-9333
96	いせ若者就業サポートステーション	516-0037	三重県伊勢市岩渕 1 丁目 2-29 いせ市民活動センター北館 1 階事務所内	0596-63-6603
97	いが若者サポートステーション	518-0869	三重県伊賀市上野中町 2976-1 上野ふれあいプラザ 3 階	0595-22-0039
98	北勢地域若者サポートステーション	510-0086	三重県四日市市諏訪栄町 3-4 星座ビル 2F	059-359-7280
99	滋賀県地域若者サポートステーション	525-0025	滋賀県草津市西渋川一丁目 1-14 行岡第一ビル 4 階おうみ若者未来サポートセンター内	077-563-0366
100	滋賀県地域若者サポートステーション　大津常設サテライト	520-0044	滋賀県大津市京町 3 丁目 5-12 第 6 森田ビル 6 階	077-522-8555
101	京都若者サポートステーション	604-8147	京都府京都市中京区東洞院通六角下る御射山町 262 京都市中京青少年活動センター内（2 階）※日・祝のみ 3 階	075-213-0116
102	なんたん地域若者サポートステーション	621-0042	京都府亀岡市千代川町高野林西ノ畑 16-19	0771-23-8002
103	若者サポートステーション京都南	610-0121	京都府城陽市寺田水度坂 15 番地 170 きんつぼビル 2F	0774-54-5380
104	北京都若者サポートステーション	625-0025	京都府舞鶴市字市場竜宮 739-31	0773-60-5865
105	北京都若者サポートステーション　京丹後サテライト	627-0012	京都府京丹後市峰山町杉谷 691 京丹後寄り添い支援センター内	050-3559-2804
106	三島地域若者サポートステーション	569-1145	大阪府高槻市富田丘町 3-12 佐竹ビル 2 階 202 号	072-668-7852
107	泉州地域若者サポートステーション	598-0062	大阪府泉佐野市下瓦屋 222-1 泉佐野市立北部市民交流センター本館 2F	072-464-0002
108	大阪市地域若者サポートステーション	530-0001	大阪府大阪市北区梅田 1-2-2-400 大阪駅前第 2 ビル 4 階	06-6344-2660
109	中河内地域若者サポートステーション	577-0054	大阪府東大阪市高井田元町 2-4-6 岸田興産ビル 2 階受付	06-6787-2008

No	名 称	郵 便	住 所	電 話
110	北河内地域若者サポートステーション	573-0032	大阪府枚方市 岡東町 12 番ひらかたサンプラザ 1 号館 305 号室	072-841-7225
111	南河内地域若者サポートステーション	584-0032	大阪府富田林市常盤町 3-17 リベルテタナカ 501 号	0721-26-9441
112	とよの地域若者サポートステーション	561-0858	大阪府豊中市服部西町 4 丁目 13 番 1 号豊中市立青年の家いぶき 3 階	06-6151-3017
113	堺地域若者サポートステーション	590-0946	大阪府堺市堺区熊野町東 4-4-19 平成ビル 603	072-229-3900
114	大阪府地域若者サポートステーション	540-0031	大阪府大阪市中央区北浜東 3 番 14 号エル・おおさか 2 階，3 階	06-4794-9200
115	こうべ若者サポートステーション	651-0096	兵庫県神戸市中央区雲井通 5-1-2 神戸市青少年会館 5 階	078-232-1530
116	ひめじ若者サポートステーション	670-0923	兵庫県姫路市呉服町 48 大手前通りハトヤ第一ビル 6 階	079-222-9151
117	さんだ若者サポートステーション	669-1531	兵庫県三田市天神 1 丁目 5 番 33 号 三田市商工会館 1 階	079-565-9300
118	若者サポートステーション豊岡	668-0025	兵庫県豊岡市幸町 9-27	0796-34-6333
119	宝塚地域若者サポートステーション	665-0845	兵庫県宝塚市栄町 1-1-9 アールグラン宝塚 2F	0797-69-6305
120	西宮若者サポートステーション	662-0912	兵庫県西宮市松原町 2 番 37 号 西宮市立勤労会館 1 階	0798-31-5951
121	あかし若者サポートステーション	673-0882	兵庫県明石市相生町 2 丁目 6-5 38 ヤングビル 5 階	078-915-0677
122	若者サポートステーションサテライト播磨	675-0064	兵庫県加古川市加古川町溝之口 769 ミキアネックスビル 4 階	079-423-2355
123	若者サポートステーションやまと	633-0091	奈良県桜井市桜井 1259 エルト桜井 2F	0744-44-2055
124	奈良若者サポートステーション	630-8213	奈良県奈良市登大路町 38-1 奈良県中小企業会館 2 階	0742-22-5121
125	若者サポートステーションわかやま	640-8033	和歌山県和歌山市本町 2 丁目 40 聖 - ソレイユビル 4 階	073-427-3500
126	南紀若者サポートステーション	646-0028	和歌山県田辺市高雄 1 丁目 23 番 1 号田辺市民総合センター北館	0739-25-2111
127	若者サポートステーションきのかわ	648-0073	和歌山県橋本市市脇 1-1-6 JA 橋本支店ビル 2F	0736-33-2900
128	とっとり若者サポートステーション	680-0846	鳥取県鳥取市扇町 7 鳥取フコク生命駅前ビル 1 階	0857-21-4140
129	よなご若者サポートステーション	683-0043	鳥取県米子市末広町 311 番地 イオン米子駅前店 4 階	0859-21-8766
130	島根県地域若者サポートステーション	690-0003	島根県松江市朝日町 498 番地 松江センタービル 5 階	0852-33-7710
131	しまね西部若者サポートステーション	697-0016	島根県浜田市野原町 1826 番地 1 いわみーる 1F	0855-22-6830
132	おかやま地域若者サポートステーション	700-0901	岡山県岡山市北区本町 6-30 第一セントラルビル 2 号館 5 階	086-224-3038

No	名　称	郵　便	住　所	電　話
133	くらしき地域若者サポートステーション	710-0055	岡山県倉敷市阿知 3 丁目 20-29 元町ビル 2F	086-430-5602
134	広島地域若者サポートステーション	730-0011	広島県広島市中区基町 12-8 宝ビル 7 階	082-511-2029
135	ひろしま北部若者サポートステーション	731-0223	広島県広島市安佐北区可部南 5 丁目 13-21	082-516-6557
136	ふくやま地域若者サポートステーション	720-0067	広島県福山市西町 1-1-1 エフピコ RiM9 階	084-959-2348
137	ほうふ若者サポートステーション	747-0035	山口県防府市栄町一丁目 1-17	0835-28-3808
138	しゅうなん若者サポートステーション	745-0037	山口県周南市栄町 2-55	0834-27-6270
139	うべ若者サポートステーション	755-0029	山口県宇部市新天町 1 丁目 3 番 5 号	0836-36-6666
140	しものせき若者サポートステーション	751-0834	山口県下関市山の田東町 2-32 ハイクレスト山の田 1F	083-254-0340
141	とくしま地域若者サポートステーション	770-0831	徳島県徳島市寺島本町西 1-7-1 徳島駅前 171 ビル 1F（旧 日通朝日徳島ビル 1F）	088-602-0553
142	あわ地域若者サポートステーション	771-1402	徳島県阿波市吉野町西条字大内 18-1 吉野中央公民館（旧笠井福祉センター）2 階	088-637-7553
143	かがわ若者サポートステーション	761-8063	香川県高松市花ノ宮町 3-2-2 山田ビル 1 階	087-813-6077
144	さぬき若者サポートステーション	763-0021	香川県丸亀市富屋町 2 番地 MRN ビル 2 階	0877-58-1080
145	えひめ若者サポートステーション	790-8587	愛媛県松山市湊町 5 丁目 1-1 いよてつ髙島屋南館 3F	089-948-2832
146	東予若者サポートステーション	792-0023	愛媛県新居浜市繁本町 8-65 新居浜市市民文化センター 2 階	0897-32-2181
147	こうち若者サポートステーション	780-8567	高知県高知市朝倉戊 375-1 高知県立ふくし交流プラザ 4 階	088-844-3411
148	なんこく若者サポートステーション	783-0002	高知県南国市駅前町 2 丁目 4-72	088-863-5078
149	はた若者サポートステーション	787-0051	高知県四万十市具同田黒 1 丁目 10 番 5 号	0880-34-9100
150	福岡若者サポートステーション	810-0001	福岡県福岡市中央区天神 1-4-2 エルガーラオフィス 11F・12F	092-739-3405
151	北九州若者サポートステーション	802-0001	福岡県北九州市小倉北区浅野 3-8-1 AIM2F	093-512-1871
152	筑豊若者サポートステーション	820-0040	福岡県飯塚市吉原町 6-1 あいタウン 3F	0948-26-6711
153	筑後若者サポートステーション	830-0037	福岡県久留米市諏訪野町 2363-9 サンライフ久留米 2F	0942-30-0087
154	さが若者サポートステーション	840-0826	佐賀県佐賀市白山 2 丁目 2-7 KITAJIMA ビル 1 階	0952-28-4323

No	名　称	郵　便	住　所	電　話
155	たけお若者サポートステーション	843-0023	佐賀県武雄市武雄町大字昭和 40-1	0954-28-9130
156	長崎若者サポートステーション	850-0057	長崎県長崎市大黒町 3 番 1 号 長崎交通産業ビル 5 階	095-823-8248
157	五島若者サポートステーション	853-0064	長崎県五島市三尾野 1 丁目 7-1 五島福江総合福祉保健センター	0959-74-0235
158	若者サポートステーション佐世保	857-0053	長崎県佐世保市常盤町 1-7 ジブラルタ生命佐世保ビル 3 階	0956-22-5090
159	くまもと若者サポートステーション	862-0904	熊本県熊本市東区栄町 2-15 県営健軍団地 1 階	096-365-0117
160	たまな若者サポートステーション	865-0064	熊本県玉名市中 48-4	0968-74-0007
161	人吉球磨地域若者サポートステーション	868-0022	熊本県人吉市願成寺町 420-1	0966-22-2770
162	おおいた地域若者サポートステーション	870-0037	大分県大分市東春日町 17-19 ソフトパークソフィアプラザビル 4 階 おおいた青少年総合相談所内	097-533-2622
163	おおいた地域若者サポートステーション　県南常設サテライト	876-0846	大分県佐伯市内町 8-4 菊池ビル 1F	0972-28-6117
164	みやざき若者サポートステーション	880-0802	宮崎県宮崎市（サテライト延岡：延岡市）別府町 4 番 19 号（土々呂町 4 丁目 4390-1）宮崎総合学院本部内 3F（延岡市職業訓練支援センター 1F）	0985-25-4345
165	みやざき若者サポートステーション　サテライト都城	885-0052	宮崎県都城市東町 4-30	0986-36-6510
166	みやざき若者サポートステーション　サテライト延岡	889-0513	宮崎県延岡市土々呂町 4 丁目 4390-1 延岡市職業訓練支援センター 1F	0982-37-1190
167	鹿児島県地域若者サポートステーション	890-0056	鹿児島県鹿児島市下荒田 3 丁目 10-16 プレジデントみずほ 1 階	099-297-6431
168	霧島・大隅地域常設サテライト	899-4332	鹿児島県霧島市国分中央 1 丁目 3-9 馬場ビル 1 階	0995-73-7866
169	あまみ若者サポートステーション	894-0036	鹿児島県奄美市名瀬長浜町 16-2	0997-54-0001
170	地域若者サポートステーション沖縄	901-2316	沖縄県沖縄市中央 2-28-1 コリンザ 3 階	098-989-4224
171	地域若者サポートステーションなご	905-0013	沖縄県名護市城 2-12-3 渡具知ペイントビル 102 号	0980-54-8600
172	地域若者サポートステーション琉球	901-2111	沖縄県浦添市経塚 745-7 経塚駅前医療モール 3F	098-917-2086
173	地域若者サポートステーション宮古・八重山	906-0013	沖縄県宮古島市平良下里 1536-1 ネクスコート 105 号	0980-72-1703

あとがき

　本書は KHJ 全国ひきこもり家族会連合会（KHJ 家族会）が試行錯誤の中で蓄積してきた支援ノウハウをまとめたものです。KHJ 家族会は，2001 年に埼玉県の岩槻市で誕生しました。創始者の奥山雅久氏は，自身の息子のひきこもりに悩み，さまざまな相談機関を渡り歩いても有効な手立てを受けられない窮状から家族会を設立しています。その後，奥山氏は全国を行脚して各地に支部を設立し，奥山氏が病で亡くなられた 2011 年には 42 の支部が全国各地に設立されました。その後，KHJ 家族会を引き継がれた池田佳世氏，伊藤正俊氏，中垣内正和氏によって，2017 年 8 月現在で支部数は 59 に達し，全国にネットワークを持つ唯一のひきこもり本人，家族，きょうだいの家族会として活動しています。

　KHJ 家族会の創始者である奥山氏が生前にたびたび述べておられたのが，「制度の狭間」という言葉でした。世の中にはさまざまな制度があるけれども，ひきこもり本人は「制度の狭間」に落ち，社会から隔離された状態で長期間放置されることを常々訴えておられました。

　「制度の狭間」にいるひきこもり本人に寄り添う支援を願う思いは，KHJ 家族会が共通して抱いてきた思いであり，そうした思いを具体化すべくさまざまな活動を試行錯誤してきました。本書の中でも第 5 章「ひきこもりへの支援を通じた地域づくり」は，「制度の狭間」にいるひきこもり本人を支援する意義を教えてくれます。「制度の狭間」は，上から見ていたのではわからない落とし穴のようなものです。この落とし穴をふさぐことが地域づくりにつながるわけですが，その最も有効な方法は，落とし穴に落ちた人を支援することです。落とし穴に落ちた人を支援し，落とし穴を一つずつ埋めていくことで，「制度の狭間」は着実に埋まっていくのです。

　本書を作成する基盤となったのは，平成 27 年度に KHJ 家族会が受託した生活困窮者就労準備支援事業費等補助金社会福祉推進事業の報告書でした。

この事業は名称の通り，生活困窮者支援を推進するために行われた事業でしたが，この事業中でひきこもりに焦点を当てた事業が行われたことは，これまで精神保健や医療が中心となっていたひきこもり支援に社会福祉が新たに加わるという大きな意義をもたらしました。この事業においてKHJ家族会が作成した報告書には，「長期高年齢化による生活困窮を防ぐための家族会からの提案」という副題が付けられていますが，この副題こそが本書に込められた思いであると言えます。

本書は，思いを共にしてKHJ家族会の活動を支えてきた人たちによって執筆されています。その陣容は池上正樹氏がジャーナリスト，池田佳世氏，齋藤ユリ氏，嶋田洋徳氏，竹中哲夫氏，野中俊介氏，筆者が臨床心理士，石川良子氏，川北　稔氏が社会学者，斎藤まさ子氏，船越明子氏が看護師，鈴木美登里氏，田中　敦氏，深谷守貞氏，増渕由子氏が，KHJ家族会の運営スタッフ，中垣内正和氏が精神科医，丸山康彦氏がひきこもり経験者，牟田武生氏が教育コンサルタントと極めて多彩です。これだけ多彩な執筆者が関わった書籍は類まれなものですが，執筆陣の多様性はひきこもり支援にこれまでにないさまざまな視点が必要であることを象徴しています。

長期高年齢化が大きな注目を集めていますが，今後，ひきこもり支援において取り組むべき重要課題の一つとして，きょうだいへの支援について触れておきます。きょうだいへの支援は本書でも少し取り上げましたが，親なき後，ひきこもり本人ときょうだいがどのように関わるかは大きな課題になります。きょうだいへの支援に対してよく受ける誤解が，きょうだいがひきこもり本人を支援しなければならないという誤解です。筆者が想定しているきょうだい支援は，きょうだいがひきこもり本人の支援を拒否することも想定しています。きょうだいがひきこもり本人を支援したいという場合は，きょうだいとしての支援の仕方についての情報を提供することができます。一方で，ひきこもり本人を支援する余裕がないというきょうだいの場合は，きょうだいが関わらない形での支援を検討していくというスタンスです。どのような場合にしても，親亡き後，ひきこもり本人にどう関わるかについてきょうだいは強い葛藤を抱くことになると考えられるため，そうしたきょうだいを支援することが今後の課題の一つになると予想されます。

　最後に，本書の執筆陣には名を連ねていないものの，本書の作成に多大なるご尽力をいただいた方に御礼を申し上げたいと思います。KHJ 家族会本部事務局の上田理香氏をはじめとしたスタッフには，事業実施の段階からさまざまな面で膨大な作業を担っていただきました。また，本書の刊行を快くお引き受けくださった金剛出版の立石正信社長，出版までのあらゆる手順を迅速に進めていただいた梅田光恵様の協力なしには本書は完成し得ませんでした。そして，何よりもこれまで共に KHJ 家族会の活動に取り組んできたすべての方々に心より感謝申し上げます。

2017 年 8 月

境　泉洋

索　　引

■執筆者一覧（50音順）

池上　正樹（いけがみ・まさき）……………………………………第4章第3節，第5章第4節
ジャーナリスト

池田　佳世（いけだ・かよ）……………………………………………………………コラム2・3
NPO法人KHJ全国ひきこもり家族会連合会名誉会長

石川　良子（いしかわ・りょうこ）……………………第5章第1節・第2節，第6章第1節
松山大学准教授

川北　稔（かわみた・みのる）
………………………第1章第3節，第5章第1節〜第3節・第5節，第6章第5節
愛知教育大学准教授

斎藤まさ子（さいとう・まさこ）……………………………………………………第1章第2節
新潟青陵大学大学院看護学研究科教授

齋藤　ユリ（さいとう・ゆり）………………………………………………………第4章第2節
国士舘大学非常勤講師

境　泉洋（さかい・もとひろ）………………… はじめに，第2章，コラム5・6，あとがき
徳島大学大学院社会産業理工学研究部准教授

嶋田　洋徳（しまだ・ひろのり）……………………………………………………………第2章
早稲田大学教授

鈴木美登里（すずき・みどり）………………… 第4章第1節，第6章第2節〜第4節，付録1
NPO法人オレンジの会理事

竹中　哲夫（たけなか・てつお）……………………………………第3章，第4章第4節
日本福祉大学名誉教授

田中　敦（たなか・あつし）……………………………………………………第4章第7節
NPO法人レター・ポスト・フレンド相談ネットワーク理事長／KHJ北海道「はまなす」事務局長

中垣内正和（なかがいと・まさかず）…………………第1章第4節・第5節，第4章第8節
NPO法人KHJ全国ひきこもり家族会連合会共同代表／医療法人未来舎理事長／ながおか心のクリニック院長

野中　俊介（のなか・しゅんすけ）……………………………………………………………第2章
早稲田大学大学院人間科学研究科

深谷　守貞（ふかや・もりさだ）………………………………………………………コラム1・7
NPO法人KHJ全国ひきこもり家族会連合会本部事務局

船越　明子（ふなこし・あきこ）…………………第4章第5節，第7章第4節・第5節
兵庫県立大学准教授

増渕　由子（ますぶち・よしこ）…………………………………………………………コラム4
KHJ東東京支部楽の会リーラ電話相談員

丸山　康彦（まるやま・やすひこ）……………………第1章第6節，第4章第6節
ヒューマン・スタジオ代表

牟田　武生（むた・たけお）………………… 第1章第1節，第7章第1節〜第3節，付録2
NPO法人教育研究所所長

＊協力：上田理香（NPO法人KHJ全国ひきこもり家族会連合会　本部事務局）

■編者略歴

境　泉洋（さかい・もとひろ）

　宮崎県生まれ。1999年,宮崎大学教育学部卒。2005年,早稲田大学 博士(人間科学)。臨床心理士。現職,宮崎大学教育学部准教授。

　日本認知・行動療法学会事務局長,KHJ全国ひきこもり家族会連合副理事長,日本臨床心理学会ひきこもり対策専門委員会副委員長,NCNP精神保健研究所薬物依存研究部客員研究員,認知行動療法研究常任編集委員,認知療法研究常任編集委員,雑誌「臨床心理学」(金剛出版)編集委員。

　筆頭著書に「CRAFT ひきこもりの家族支援ワークブック」(金剛出版),共著執筆に「CRAFT 薬物・アルコール依存症からの脱出——あなたの家族を治療につなげるために」(金剛出版)などがある。監訳に「CRAFT 依存症患者への治療動機づけ」(金剛出版),「アルコール依存のための治療ガイド」(金剛出版)などがある。

地域におけるひきこもり支援ガイドブック

長期高年齢化による生活困窮を防ぐ

2017年10月10日　発行
2019年2月10日　2刷

編著者　境　泉洋
発行者　立石正信
装丁　原田光丞（There Here Everywhere）
印刷・製本　太平印刷社

発行所　株式会社 金剛出版
〒112-0005　東京都文京区水道1-5-16
電話 03-3815-6661　振替 00120-6-34848

ISBN978-4-7724-1582-8　C3011　　　　Printed in Japan ©2017

CRAFT

ひきこもりの
家族支援ワークブック

若者がやる気になるために家族ができること

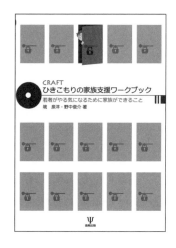

[著]
境泉洋　野中俊介

ひきこもりの若者と社会をつなぐために！
コミュニケーションや問題解決の技法を家族に具体的に教えていくことで
家族関係の改善を促し，若者と社会をつなぐ画期的なプログラム。

● A5判　● 並製　● 200頁　● 本体 2,800円＋税